CORPORATE COACHING

コーポレートコーチング（下）

利益を756倍にした驚くべきリーダー論

認知科学者／カーネギーメロン大学博士
苫米地英人

開拓社

目次

装丁・本文デザイン　篠　隆二（シノ・デザイン・オフィス）
編集協力　木村俊太

序章

「コーポレートコーチング(上)」の復習と専門用語解説

本書の内容に入っていく前に

本書『コーポレートコーチング（下）』をお読みのあなたは、すでに『コーポレートコーチング（上）』（以下「上巻」）を読まれているはずです。

ですが、まずは復習を兼ねて、上巻で使われていたいくつかの専門用語について、少し詳しく解説しておきたいと思います。

用語だけでなく、本書の内容に入る前に上巻の内容を思い出しておくことで本書の理解が深まると思います。

専門用語については、すでに私の既刊本のいくつかを読まれている方々を上巻の想定読者層としていたこともあり、私の本を初めて読まれる方々にとってやや難解に感じられてしまった部分があったようです。

実際、上巻の読者から、「専門用語の詳しい解説がほしかった」との要望をいただいたこともあり、ここで解説をしておきたいと思います。

私の既刊本を、ある程度、読まれている方は、用語解説については読み飛ばしていただいてもかまいません（もちろん、復習の意味で読まれることを推奨いたします）。

なお、復習と言っても、当然、上巻の内容をまるごとなぞるわけにはいきませんので、ここではあくまでも内容を思い出してもらうためのトリガーだと思ってお読みいただければと思います。

コーチとは何か

まずは、「コーチとは何か」という、根本的な話をしていきましょう。

自明のように感じられるかもしれませんが、深掘りして考えてみると、意外と明確な答えが出てきません。

コーチの仕事とは何かをはっきりさせておかなければコーチングはできませんし、コーチングを受ける側にとっても、何を期待するのかがはっきりしません。

そもそも「コーチ」とは「馬車」という意味でした。

目的地へ向かいたい人を乗せて、目的地まで連れて行ってくれるのが「馬車」です。

つまり、「コーチ」とは「目的地へ向かいたい人を目的地まで連れて行ってくれる人」

のことで、「コーチング」とは「目的地へ向かいたい人を目的地まで連れて行ってあげること」ということになります。

このとき、目的地があることが大前提なわけですが、中には目的地がはっきりしない人もいます。

そういう人に目的地を明確化させてあげて、そのあとできちんと連れて行くこともコーチの役割になります。

では、コーチはどのようにして目的地まで連れて行ってくれるのでしょうか。

正確には、コーチの力を借りながらも目的地には自分の力でたどり着くわけですが、そのために**コーチが行う最大の仕事を一言で言うと、「エフィカシーを上げる」ということ**になります。

「エフィカシー」とは「ゴールを達成する自己の能力の自己評価」のことです。

「自分にはゴール達成する能力がある」と強く思える人は「エフィカシーが高い」ということになりますし、逆に「自分にはゴール達成の能力がない」と思ってしまう人は「エフィカシーが低い」ということになります。

言葉の定義としてはこれ以外にないわけですが、具体的にイメージしづらい人もいるかもしれませんので、私の他の本でもよく使う例を使って、次の項で説明していきましょう。

「エフィカシーが高い」とはどういうことか

プロゴルファーのタイガー・ウッズの話です。

ある大きな大会のプレーオフ（18ホールを終えて同スコアだった選手どうしが戦う優勝決定戦）で、先にパットを終えたタイガー・ウッズはグリーン上で同じ組のライバルの最終パットを見つめていました。

ライバルがパットを沈めればプレーオフは続き（次のホール以降に持ち越し）、ライバルがパットを外せば、タイガー・ウッズの優勝です。

もし、あなたがこのときのタイガー・ウッズの立場だったとしたら、どのような心境になるでしょうか。

心の中で、どんなことを思うか、想像してみてください。

おそらく、99%以上の人がライバルのパットを見ながら「外してくれ」と思うのではないでしょうか。

大きな大会で、ライバルがパットを外せば自分が優勝、入れればプレーオフはまだ続くという状況ですから、「優勝したい」という気持ちが強ければ強いほど「外せ」と思うことでしょう。

しかし、タイガー・ウッズは違いました。

実はこのパット、ライバルは外してしまいます。

その瞬間、タイガー・ウッズの優勝が決まりました。

テレビでは、優勝した瞬間のタイガー・ウッズの表情がアップで映し出されました。

その表情は明らかに苦々しく、やや怒った表情にも見えたのです。

のちにタイガー・ウッズはこのときの心境をこう語っています。

「『頼むからパットが入ってくれ』と思っていました」

ライバルがパットを外せば自分が優勝、入れればプレーオフが続くという状況で、ライバルのパットに対して「頼むから入ってくれ」と思う心境とはどのようなものなのでしょうか。

これこそまさに、タイガー・ウッズのエフィカシーの高さを物語るエピソードです。

なぜタイガー・ウッズがこうした心境になったのか。

それは彼が「この大会は簡単に勝てるような大会ではない。しかし、自分はその難しい大会で優勝するにふさわしいゴルファーである」という高いエフィカシーを持ったセルフ・イメージを抱いているので、相手がパットを外して優勝してしまうと、その高いエフィカシーを持ったセルフ・イメージとずれてしまうからなのです。

つまり、**「強い相手と戦って、その強い相手を倒して優勝するからこそ価値がある」と考えていた**ということです。

それなのにライバルは、当然入れるべきパットを外してしまいました。

自分が倒す相手はもっと強くあるべきだという気持ちが、苦々しい表情となって表れたのです。

もう少し砕けた言い方をすれば「こんな勝ち方で勝ってもうれしくない。もっともっとすごい相手とすごいゴルフをして勝ちたい。自分はそれだけの力がある」「こんな簡単なパットを外すような相手では勝ってもうれしくない」という気持ちが、表情に表れたということです。

「エフィカシー」＝「ゴールを達成する自己の能力の自己評価」がとてつもなく高いと、こういう気持ちが起こってくるのです。

さて、「エフィカシー」の話はコーチングの重要なポイントでもあるので、もう一つ、例を出して解説しておきましょう。

世の中にはしょっちゅう他人の悪口を言ったり、他人を卑下する言動を取ったりしてしまう人がいます。

これは「エフィカシー」の低さが原因です。

「エフィカシー」の低い人は、無意識に自分の「ゴールを達成する自己の能力」を低いと見積もってしまいますが、意識の上ではそれを認めようとはしません。

無意識では自己の能力は低いと感じていて、意識の上ではそれを認めない。

これだと、バランスを欠き、意識と無意識とで矛盾が生じてしまいます。

そのバランスを取る、あるいは矛盾を解消したりするために、他人の悪口を言ったり、他人を卑下する言動を取ったりしてしまうのです。

つまり、**「エフィカシー」の低い人は、他人を貶めることによって自分を高く見せようとする**のです。

「エフィカシー」の高い人はすでに自分の能力の自己評価が高いので、他人を貶めて自分を高く見せようとする必要がありません。

だから、そんなことはしないのです。

また、本当に「エフィカシー」が高い人はむしろ、**他人を貶める行為は、かえって自分の「エフィカシー」を下げてしまう**とわかっています。

例えば、先ほどのタイガー・ウッズの例とは逆に、戦う相手を卑下するような言動を取ったとします。

対戦相手に対して、「あいつはたいしたことない」「あいつは弱い」などという発言をしてしまうようなケースです。

対戦相手を「たいしたことない」「弱い」と貶めると、その相手に勝ったとしても自分は「たいしたことない相手に勝った自分」「弱い相手に勝った自分」ということになってしまいます。

つまり、他人を卑下することは同時に自分をも卑下することになるのです。対して、「エフィカシー」の高い人は自分の「エフィカシー」をさらに高める方法を知っています。

それは**「相手は強い。とても強い」と認めた上で、「でも、その相手に勝つ自分はもっと強い」という自己評価を持つこと**です。

相手を「20点」と評価すると自分は「30点」で勝てますが、相手を「80点」と評価したら自分は「90点」くらいでないと勝てません。

「30点の自分」と「90点の自分」とでは、自己評価の高さが全然違います。

この差が「エフィカシー」の高さの差になってくるのです。

ゴールは現状の外側に設定する

上巻では、さらに「ゴールは現状の外側に設定する」という原則について述べました。

当たり前のように感じる人もいるかもしれませんが、ここでは「現状」の解釈が重要です。

「現状」とは「Status Quo（ステイタス クオ）」とも言い、「現在ある状態」だけではなく、「現在ある状態を続けていれば、当然、訪れるであろう未来」をも含んだ概念です。

なので、お菓子作りの専門学校に通う人にとって「パティシエになる」はゴールにはなり得ません。

お菓子作りの専門学校に通う人がパティシエになるのは、現状維持なのです。

では、どういうゴールを設定すればいいのか。

別に「パティシエになるな」という意味ではありません。

お菓子作りの専門学校に通う人が「総理大臣になる」というゴールを設定しても構いませんが、臨場感は高まらないでしょう。

そういうときは、「現状」のゴールに、現状の外側になるような修飾語を付けましょう。

例えば「世界一のパティシエになる」とか「世界中に百店舗を展開するオーナーパティシエになる」とか、現状維持ではなし得ないような修飾語を付けるのです。

「セルフトーク」と「コーポレートトーク」

「セルフトーク」とは自分自身に語りかける言葉のことです。

たいていの人は、無意識でしょっちゅう自分に語りかけています。

例えば、何か失敗したときに「私ってダメね」と思ったとしたら、それは「セルフトーク」です。

同じような局面で、「私らしくもない」と思う人もいるかもしれませんし、「いい勉強になった」と思う人もいるかもしれません。

このようなセルフトークを続けているうちに、「失敗してしまうダメな私」というマインドの人ができてしまったり、逆に「失敗が自分らしくない私」というマインドができたり、「失敗するたびに学ぶことができる私」というマインドができたりするわけです。

無意識のうちに考え方や人格形成にまで影響を及ぼしてしまうセルフトークですが、組織の場合は「コーポレートトーク」が重要になってきます。

社員が上司の愚痴や会社の悪口ばかり言っていると、「自分たちの会社はダメな会社だ」

というマインドが植えつけられてしまいます。

逆に、集合的エフィカシー（コレクティブエフィカシー）が高いと、給湯室での会話も仕事帰りの飲み屋での会話も、すべてゴール達成のための会話に変わっていきます。

コーポレートトークがゴール達成のための会話になった組織は、もうゴール達成に向かっていますから、達成も時間の問題と言えるでしょう。

現状は居心地のいい「コンフォートゾーン」

現状は居心地がいい「コンフォートゾーン」にあります。

居心地がいいので、なかなか抜け出せないのですが、ゴールは現状の外にありますから、ここから抜け出さない限り、ゴール達成はあり得ません。

コンフォートゾーンに近づく、もしくは居続けることは、生体の維持に必要なホメオスタシス（恒常性の維持）の働きによります。

生体が求める状態なのです。

ですから、コンフォートゾーンの外側に出ようとすると、元に戻ろうとする強力な力が働いて、コンフォートゾーンへと戻ってしまいます。

エアコンの設定温度というのは一点ではなく幅があるのですが、その設定温度近辺の幅のある温度帯をコンフォートゾーンと捉えることができます。

室温が設定温度（温度帯）からずれるとエアコンのスイッチが入って、室温を設定温度（コンフォートゾーン）へと近づけてくれます。

このときの、コンフォートゾーンに近づけようとする力のことを「モチベーション」と呼びます。

こうして、コンフォートゾーンから抜け出さないようにする大きな力が働くわけですが、先ほども述べたように、これでは目標達成はできません。

では、どうすればいいのか。

それは、「**ゴール近辺をコンフォートゾーンにしてしまう**」のです。

つまり、これまでコンフォートゾーンと思っていたものを捨てて、別のコンフォートゾーンを形成するということです。

例えば、今までエアコンの設定温度が15度だったとします。

室温も15度前後になっているはずです。

室温が15度前後なら、エアコンは作動しません。

しかし、ここでエアコンの設定温度を25度に変えたら、どうなるでしょうか。

それまで15度前後だったコンフォートゾーンが25度に変わったので、25度近辺へ急いで行きたいという力が働きます。

エアコンが暖房機能をフル回転させて、室温を25度に近づけようとするわけです。

ゴール近辺をコンフォートゾーンに設定することで、そこへ向かおうとするモチベーションが高まることになります。

このことがわかると、ゴールは現状から離れていれば離れているほどモチベーションが高くなることがわかります。

室温が10度のとき、エアコンの設定温度を15度にした場合と25度にした場合とでは、25度にした場合の方がエアコンはよりパワフルに稼働するでしょう。

それと同じで、ゴールは現状から離れている方がモチベーションは高くなるのです。

同様の理屈から、**ゴール達成が近づくと、モチベーションは急激に下がってしまう**ことがわかります。

最初はフル稼働だったエアコンも、室温が設定温度に近づくと弱まり、やがて止まるか、最小限の送風運転に切り替わります。

ですから、ゴール達成が近づいたら、急いでもっと離れたゴールを設定し直す必要があります。

これに失敗してしまうと、いわゆる「燃え尽き症候群」のようなことにもなりかねないので、注意が必要です。

「コアーシブ」な組織では結果は出ない

エフィカシーの高い集団が存在する一方、「コアーシブ」な集団も存在します。

「コアーシブ」な組織とは、リーダーが抑圧的に、あるいは恐怖を利用して人を動かす、もしくは報酬を利用して人を動かすような組織のことを言います。

リーダーが絶えず怒鳴っている、高圧的な命令ばかりする、「失敗したらクビだ」と恐怖を植え付ける、逆に「成功したら臨時ボーナスをやるぞ」などと報酬をチラつかせて人を動かしている組織です。

「コアーシブ」なカルチャーを持つ組織と、エフィカシーを重視する組織とでは、5年間に売上で2倍、利益では何と756倍の差が生じたという調査報告があります。

これほどの差が出ることがわかっているにもかかわらず、いまだに昔ながらの抑圧・恐怖方式のリーダーが大勢いるのには驚きます。

「コアーシブ」な組織にして、わざわざ利益を756分の1に減らす理由はありません。

組織の構成員がリーダーに寄せる「ラポール」

信頼のおけるリーダーに対して、組織の構成員が寄せる信頼感、親近感のことを「ラポール」と言います。

「信頼感」「親近感」という言葉にしてしまうとやや一般的な概念になってしまうかもし

れませんが、「ラポール」という言葉はもう少し強い感情で、子どもが親に寄せる「信頼感」「親近感」のような感情をイメージしてもらうといいでしょう。

通常、子どもにとって、親は頼るべき存在であり、かつ身近な存在、そして、安心を与えてくれる存在でもあります。

そうした感情を抱ける存在こそが真のリーダーというわけです。

ただし、「ラポール」は、抑圧や恐怖によっても生じます。

「ラポール」の基本は「臨場感空間の共有」によって生まれるのですが、臨場感空間の支配者に対して被支配者がとても強い「ラポール」を抱いてしまうことがあります。

これを「ハイパーラポール」と言います。

わかりやすい例が「ストックホルム症候群」です。

1973年、スウェーデンのストックホルムの銀行に強盗が押し入り、人質を取って立てこもりました。

その後、人質は解放され、犯人は逮捕されたのですが、解放後も人質は犯人をかばって警察に非協力的な証言をしたのです。

また、捜査の過程で、犯人が寝ている間、人質が警察に銃を向けるなど、犯人に協力する行動を取っていたこともわかりました。

この事件から、命の危険をも伴うような過度の恐怖のもとで臨場感空間を共有すると、その臨場感空間の支配者に対して、強い「ラポール」を覚えてしまうという現象を「ストックホルム症候群」と呼ぶようになったのです。

わかりやすい説明としては、犯人の言うことを聞かないと殺されてしまうかもしれないので、犯人の言うことにはすべて従うようになり、それがやがて強い依存心となり、「ハイパーラポール」になるということになります。

いずれにしても、「ストックホルム症候群」のような「ハイパーラポール」を利用した組織は「コアーシブ」ですから、売上や利益にはつながっていきません。

「ラポール」と「ハイパーラポール」を混同しないように注意が必要です。

第1章
コーポレートコーチング・中級編

企業のトップが現状維持を望む理由

序章で専門用語の解説と、上巻の簡単な振り返りをしました。

ここからは、上巻での「入門編」と「初級編」に続き、「中級編」として、リーダーのあり方、組織のトップとはどうあるべきかについて、見ていきたいと思います。

さて、上巻や序章でも述べたようにコーチは、コーチングを受ける人のマインドに働きかけ、その人（たち）のエフィカシーを高める手助けをします。

しかし、本書で扱っている「コーポレート」（広義の「組織」）には「マインド」がありません。

ですから、マインドを持たないコーポレートというバーチャルな存在にコーチングをするわけではなく、その構成員たちにコーチングをすることになります。

その際、**コーポレート（組織）に最も強い影響を与えるのは、その組織のリーダー**です。

企業なら社長とかCEOといった人たちです。

組織のリーダーとは、みんなが「無理だ」というミッションを成し遂げるのが仕事です（上巻107ページ参照）。

また、リーダーのゴール（コーポレートとしてのゴール）は、組織の構成員たちのゴールをすべて包摂するような、抽象度の高いゴールを持っている必要があります。

そうでないと、構成員たちがコーポレートのゴールを目指さなくなってしまうのです。

ところが、日本の企業を見渡したとき、どれほどの社長さんがそれほどまでに高い抽象度のゴールを提示できているでしょうか。

そもそも、それほど高い抽象度のゴールを持とうという意識すらない人がほとんどなのではないでしょうか。

なぜ、そんなことになってしまうのでしょうか。

それは、**ほとんどの社長さんは、社長というポジションに就いたことで自身のゴールを完全に達成してしまっている**からです。

ゴールを達成して、新たなゴールを設定できない場合、その人は完全にコンフォートゾーンにはまり込んで、抜け出せなくなります。

というか、抜け出そうとはしません。

むしろ、必死で現状に留まろうとします。

その現状がゴールなのですから、当然、抜け出そうなどとは考えません。

大きな会社になればなるほど、そうなります。

人生の大半を「出世レース」というものに捧げ、そのレースを必死で勝ち抜いてきた人たちにとって、社長という座に就いた瞬間に完全にゴールを達成したことになります。

そこから抜け出して、新たなゴールへ向かおうなどというモチベーションはゼロでしょう。

現在の日本の企業は65歳定年が多いようですので、社長になるのも60代が多いでしょう。

昔の60代と比べれば、たしかに矍鑠《かくしゃく》とはしているものの、やはり若い頃と比べて体力は落ち、体のあちこちにガタが来ているはずです。

本音を言えば「サボりたい」、少なくとも若い頃のようにがむしゃらに働くなんてことはしたくないわけです。

精神的にも体力的にも、新たなゴールを設定してそこを目指そうなどと思える状態にないのが、日本の大企業の社長たちだと思っていいでしょう。

彼らにゴールがあったとしても、せいぜい「来年の売り上げを3％増やそう」とか「それをなんとか3～4年続けて、子会社とか取引先に再就職しよう」ぐらいのものです。

正直、コーポレート全体のゴールのことなどどうでもいいと思っている人がほとんどだと考えていいでしょう。

こうなってしまう最大の要因は、日本特有の「終身雇用」です。

終身雇用制のもとでは、常に「現状の最適化」こそが最終ゴールとなってしまいます。ある程度、出世街道に乗りつつあるサラリーマンが、終身雇用を保証されながら社長を目指すというのは完全に「現状の最適化」を目指すことになります。

コーチングの原則である「現状の外側にゴール設定する」ことは、出世を諦めることであり、終身雇用制という保証を放棄することであり、大きなリスクを背負うことだと思ったとしても仕方がありません。

ですが、それでは組織自体が退化し、衰退の一途をたどってしまうのです。

社長自身は「現状の最適化」をすることで収入の保証がされると思っているかもしれませんが、組織そのものは徐々に劣化し、いつかどこかの時点で立ち行かなくなり、気付いた時には手遅れだったということになるのです。

組織の構成員からすれば、「そんな体力も気力もない、現状の最適化しかできない社長は替わってもらわないと困る」わけですが、終身雇用、年功序列の企業社会ではそうはいきません。

建前上は「現状維持や最適化ではなく、イノベーションをやってのけないと未来はない」などと言っていても、本音の部分では「3～4年、大きな失敗なくやり過ごせば、多額の退職金をもらって子会社か取引先に天下りだ」と思っているのが、日本の、特に大企業のトップたちなのです。

コーポレートコーチングは、多くの場合、組織のトップが「社員たちの意識を変えたい」とか「社員たちの業績が上がるようにしたい」といった目的で導入するケースが多いと思います。

しかし、本当にコーチングを施されるべきは企業のトップ、大企業の社長さんたちの方なのです。

「トップ・エグゼクティブ」などというちょっと格好つけた肩書きの持ち主など、間違いなく「体力も気力もない、現状の最適化がやっとな人」です。

「社員たちの意識を変えて、もっと業績が上がる組織にしたい」などと社長が言ったとしたら、コーチは口では「わかりました」と言いつつも、心の中では「最も意識を変えなくちゃいけないのは、社長、あなたですよ」と思っているはずです。

もちろん例外もいるとは思いますが、こういう社長が大半のはずです。

こうした社長たちが日本企業の生産性を失わせているのです。

企業のトップ自身が、まずこのことを認識する必要がありますし、コーチの方もこのことをしっかりと認識していないとうまくいきません。

組織の構成員たちにいくらコーチングを施しても、普段の活動でトップが「現状の最適化」を求めていてはどうにもなりません。

日本のトップたちの問題点

ちょっと話題がそれるかもしれませんが、非常に残念なことに、日本という国のトップにいる人たち、具体的には政治家（国会議員）や官僚たちですが、彼らの中にもまた、ここで見た企業のトップたちと同様に、体力も気力も（なぜか知力までも）なくなってしまった人たちがかなりいます。

こういう人たちに日本を任せたままにしてしまうと、企業が時代に適応できずに衰退していくように、日本という国も衰退していってしまう恐れがあります。

いや、実際にすでに衰退の道をひた走り始めているのかもしれません。

本当なら、企業のトップたちの気力を失わせるような終身雇用、年功序列は、日本のトップたちが政治的に変えていく必要があるのですが、なかなか難しいと思います。

非正規雇用など、新たな働き方を推進しているようですが、これは結局、上層部だけが終身雇用で、若い労働者たちを安い賃金で使おうという政策です。

まさに、トップとその周辺だけがいい思いをするための「現状の最適化」であり、イノベーションの欠片もありません。

政治家や官僚がもっとしっかりしていれば、例えば日本の少子化の問題でこれほど大騒ぎすることもなかったでしょう。

まず、少子化の何が問題なのでしょうか。

私は現在程度の少子化であれば、まったく問題ないと思っています。

例えばですが、７０００万人ぐらいまで人口が減っても問題ないでしょう。

むしろ、住みやすい国になるかもしれません。

少子化になれば高校や大学の入試は楽になるでしょうし、人口減少による人口密度の低下を考えれば一人当たりの居住空間を広くできるでしょう。

今よりも広い家を建てることができるようになるはずです。

「人口が減ると困る」というのは実は、政府や各行政機関にとって「税収が減るから困る」という意味なのです。

ただ、ここで政治家や官僚が何も考えていないとわかってしまうのですが、**税収というのは基本的に「所得×税率」なので、人口が減っても全体の所得が増えれば税収は増える**のです。

国内の所得の合計をＧＤＰと言いますが、ＧＤＰは単純に言えば、「個人の生産性×人口」です。

つまり、人口が減っても、それ以上に「生産性」が高まればGDPは増え（個人の生産性が高まれば、当然、個人の所得が増えます）、税収も増えるのです。「少子化は問題だ」と言う政治家や官僚は、「一人当たりの生産性」がずっと変わらないと思い込んでいるのでしょう。

そんなはずはありません。

人口を10％増やすというのは、ものすごく大変なことですが、個人の生産性を10％高めるのは、それほど難しいことではありません。

そもそも、生物学的に見て、子どもが増えるときというのは種の存続が危機的な状況にあるときなのです。

アメリカのニューヨークでは、大停電が起こった直後にベビーブームが起こったのですが、その理由は「暗かったから」ではなく、市民が種の存続に関して「心理的危機感を覚えたから」なのです。

日本が少子化なのは、日本という国が安全で安定していて、種の存続に危機感を覚えるような状態にないということですから、とてもいいことだと言えます。

そういったこともわからない政治家、官僚たちなのですが、多くの政治家は政治家になろうと思った時点では「日本をなんとかしてよくしよう」と思っていたでしょうし、官僚にしても同じように思っていた上に、彼らはとても頭のよい人たちだったはずです。

にもかかわらず、なぜ彼らは企業のトップと同様、体力も気力も、さらに知力までも失ってしまったのでしょうか。

体力は年齢的な部分もあるので、ある程度は仕方がないかもしれませんが、気力、知力を失ってしまうのは、日本という組織にとって大問題です。

彼らがそうなってしまうのは、やはり企業のトップと同じように「**ゴール設定が現状の内側だから**」です。

ほとんどの政治家のゴールは「議員になること（選挙で当選すること）」であり、ほとんどの官僚のゴールは「事務次官になること（出世すること）」です。

多くの政治家は議員になった時点で完全にゴールを達成していますから、モチベーションはゼロです。

一部に、大臣になりたい人もいますが、この人たちはすます現状の中で上手に泳ぐことに専念します。

官僚も、出世した人はゴール達成してしまっていますからモチベーションはゼロですし、出世を目指す人は上司の言いなりですから、ただの上司の奴隷です。

こういう人たちに、イノベーションを求めても無理なのです。

体力、気力がない状態ではＩＱは上がりません。

体を使ってアクティブに動いたり、やる気を出して行動したりするには、前頭前野にドーパミンを流す必要があります。

それも大量に、です。

体力も気力もない人は前頭前野にドーパミンが流れません。

前頭前野にドーパミンが流れないとＩＱは上がりませんから、彼らはずっとＩＱの低い状態で生きているということになります（ＩＱというのは、固定された能力のようなものではありません。一人の人でもさまざまな状態によって変化します。例えば、どんなにＩＱの高い人でも、度を越してアルコールを摂取すればＩＱは激しく下がります）。

賢いはずの官僚たちが知力まで失ってしまうのは、体力も気力も失って、前頭前野にド

ーパミンが出ないのが常態化してしまったからなのです。

さて、先ほど「個人の生産性を10％高めるのは、それほど難しいことではない」と言いました。

具体的にはどうすればいいのでしょうか。

答えはもちろん「正しいコーチングを受けること」です。

上巻でも述べたように、「コアーシブ」な組織と「コレクティブエフィカシー」を重視する組織とでは、11年間で利益に756倍の差があったという調査結果がありました。

「コアーシブ」な組織は正しいコーチングを受けていない組織、「コレクティブエフィカシー」を重視する組織は正しいコーチングを受けたか、そもそもコーチングを受けなくても同様の能力、カルチャーを持った組織だったかです。

正しいコーチングを受けることで、「コアーシブ」な企業が「コレクティブエフィカシー」を重視する企業に生まれ変われれば、間違いなく利益を756倍（あるいはそれ以上）にすることができます。

少子化の話に戻りますが、仮に何らかの少子化対策によって**出生率が突然10％増えたと**

しても、税収に影響を与えるようになるには少なくとも20年前後はかかるでしょう。

それでも、10％増、つまり1・1倍になるだけです。

それに対して、正しいコーチングを受けると、11年間で756倍の利益になります。

一人当たりの生産性が10％どころか、7万％をはるかに超える増加率になるのです。

トップのイマジネーションの限界が組織の限界を決める

前項では日本の企業、政治家、官僚組織のトップの問題点を見ました。

もしかすると「組織のトップなんて、別に現場のことにいちいち介入してくるわけではないから、無能でもかまわないのではないか」とか「むしろ、あれこれと変なやる気を出されてしまう方が混乱する」などと思う人がいるかもしれません。

もし本当にそうなら、組織にリーダーなど必要ありません。

上巻で見た「特殊部隊」の例のように、組織のリーダーの役割は非常に大切です。

このあと詳細に見ていきますが、現代の企業は「特殊部隊」のように、状況判断をその場その場でスピーディに行っていかなければ生き残れない環境下にあります。

状況判断（と、それにともなう命令や行動の統率）は各ユニット（最小単位のグループ）のリーダーに委ねられますが、判断が必要なときに常にリーダーがその場にいるとは限りません。

ですから、組織の構成員一人一人が、いつでも（少なくとも、自分の所属している課ぐらいの）リーダーとなれる能力を持つと同時に、心の準備を常にしておく必要があります（上巻111ページ等参照）。

組織にとってリーダーとはそれほど大切な存在であり、本来、リーダーなくして組織は成り立たないものなのです。

そして、そのリーダーたちのリーダーとも言える存在が、企業・組織のトップということになります。

こうして見ていくと、トップの重要性がよくわかるのではないでしょうか。

実は、とっさの状況判断という意味合いとは別に、企業のトップにはとても重要な役割があります。

それは「**トップのイマジネーションの限界が組織の限界を決める**」ということです。

これは、上巻から何度も繰り返し述べてきている「ゴール設定」に関わることです。

トップがイメージできないことは組織のゴールにはなり得ません。**一般の構成員がどんなに抽象度の高いゴールを提案しても、トップがイメージできなければ、見向きもされずにあっさり却下されてしまう**でしょう。

水棲生物が陸上に上がるような、その組織全体に大きな進化をもたらす企画提案が若い社員（組織の構成員）から出されたとしても、トップが次の週末のゴルフのことで頭が一杯だった場合、その企画はまず通りません。

ゴルフの相手が次に自分が天下る予定の取引先企業だったりすれば、週末のゴルフ以外の情報は一切、遮断されてしまう可能性が高いでしょう。

非常に残念なことに、日本の企業、組織には、その程度のイマジネーションしかないトップが大勢いるのです。

そんな人が舵取りをしている組織に、多くの人が自身の将来の生活、いや自身だけでなく、配偶者や子どもたちといった家族の将来まで託してしまっているのですから、よくよく考えてみるとても恐ろしい話です。

もちろん、「だからもうダメだ」という話ではありません。

「コーチングを施すならまずは組織のトップから」ということです。

まずはトップに、「あなたのイマジネーションの限界が組織の限界を作っているのですよ」と理解してもらうことが最重要なのです。

トップがこれを理解してくれれば、そこから先は「コーポレートコーチング」も「パーソナルコーチング」と同様の手法でできることになります。

そして、その手法とはもちろん「現状の外側にゴールを設定する」ことなのですが、もう少し角度を変えて考えてみると、「組織のトップに体力、気力を取り戻してもらう」ことが大事になってきます。

体力、気力が充実していれば、ＩＱも上がり、知力も高まってくるでしょう。

先ほど「体力は年齢的な部分もあるので、ある程度は仕方がないかもしれない」と書きましたが、実際は、健康に関するしっかりとしたゴール設定ができれば、体力も充実してきます。

高齢にもかかわらず矍鑠としている人というのは、たいてい気力が充実しています。最近は「健康寿命」などという言葉があるようですが、組織のトップには体力に関してもイマジネーションの限界を超えるようなゴール設定をしてもらう必要があります。

トップが設定すべきゴール

先ほど、「『現状の外側にゴール設定する』ことは、出世を諦めることであり、終身雇用制という保証を放棄することであり、大きなリスクを背負うことだと思ったとしても仕方がない」と書きました。

でも、実際はそうとは限りません。

出世を諦めることなく、終身雇用制を利用しつつも、「現状の外側にゴール設定する」ことは可能です。

そもそも、「出世を諦め、会社を辞める」ようなゴール設定をしてしまったら、その人自身はそれでいいかもしれませんが、コーポレートコーチングにはなりません。

では、どうすればいいのでしょうか。

これも上巻で述べたように「抽象度を上げる」ことに尽きるでしょう。

例えばですが、企業であれば、自社製品（自社サービス）で世界中の人を幸せにするとか、そういった方向性はあり得ると思います。

一**企業の発展に留まらず、世の中を幸福で満たすようなゴールを設定する**のです。

これが達成されると、自社製品が世界中に広まることになりますから、当然、企業の業績は飛躍的に伸びます。

別に終身雇用を維持したままでも、出世を求める社員たちのゴールをも包摂するゴールになるでしょう。

また、同時に組織のトップは職業のゴールだけでなく、他の分野についても抽象度の高いゴールを設定する必要があります。

「必要がある」と言いますか、適切なコーチングを受けることによって、複数の分野で抽象度の高いゴールが設定できるようになります。

趣味のゴールでもそうですし、また、高い業績を上げている組織のトップというのは、地域コミュニティなどでも何らかの貢献をしているケースがほとんどです。

職業のゴール、ファイナンスのゴールだけでなく、いろいろな分野のゴールを高い抽象度で設定できているからです。

そして、それぞれのゴールに向かうことそのものが、とてもハッピーなのです。

このとき、**最も大事なことは、すでに「成功している」「ゴールを達成してしまっている」と思っている組織のトップに、「いや、本当の成功は別のところにある」、だから「まだまだ、成功なんてしていない」、しかも「私ならその別の成功も手に入れられる」と思ってもらえるようになること**です。

トップの本当の役割とは

本書では「組織のトップのイマジネーションの限界が、組織全体の限界を作っている」と言い続けていますが、残念なことに、世の中の企業や組織のトップの多くはそのことに気付いていません。

私自身、コーチングの中で、このことに気付いていない企業トップを大勢見てきました（いや、ほとんどがそうだったと言っても過言ではありません）。

こういうトップには「**トップの役割の一つは、従業員、特に新しく入ってきた人に、ゴールを教えてあげることです**」「**そしてもう一つ、そのゴールをあなた自身が超えてみせることです**」と**言ってあげる**ようにしています。

単に「あなたは自身のイマジネーションの限界を超えなければいけない」と言っても、ほとんど響きませんし、おそらく意味がわからないでしょう。

しかし、「従業員にゴールを示し、あなたがそれを超えてみせる」なら「それならできそうだ」と思ってもらえるでしょう。

コーチングを受けていない多くの人は、自分の「ゴール」が何なのか、よくわかっていません。

ひとりひとり、いろいろな分野のゴールがあるわけですが、そのうちの職業のゴールぐらいは、企業のトップが「俺が見せてやるよ」と言えなければトップとしての存在意義も薄れます。

しかも、示したゴールをさらに超えてみせるのです。

では、トップが見せるゴールとはどういうものなのでしょうか。

それは、企業としてきちんと開示された「企業理念」でもいいでしょうし、トップが個人的に考えているゴールでもいいでしょう。

個人的に考えていると言っても、ひとりでこっそり考えているのではなく、あちこちに発信して、共有しているものでないといけません。

そういう意味では、「企業理念」のように、ホームページなどにしっかりと書かれたものがいいと言えるかもしれません。

当然ですが、社員をだますようなゴールは問題外です。

また、**重要なのはトップが組織の構成員（社員、従業員）のゴールに対してきちんと興味を示して、知ろうとすること**です。

その上で、自身のゴールが構成員全員のゴールよりも上にある必要があります。

トップのゴールよりも高いゴールを持つ構成員がひとりでもいたら、トップはさらに高いゴールを設定し直すか、その構成員にトップの座を譲るか、どちらかです。

トップのゴールがどのようなものかイメージしにくい人もいるかもしれませんので、例を出してみましょう。

例えば、国産旅客機ＭＲＪを開発中の三菱重工業の会長は、テレビのインタビューで「航空機を日本の基幹産業にしたい」と発言していました。

明言はしていませんが、「日本経済の牽引役を航空機事業が担う」というゴールがあるのだろうと推測されます。

これはそれなりに抽象度の高いゴールと言えそうです。

単に三菱グループの発展のためとか、ＭＲＪという旅客機開発の成功のためなどよりも抽象度の高いゴールが設定されています。

これを超えるゴールを設定できている従業員は少ないでしょう。

さらに、この会長がこのゴールをも超えるような仕事をしてくれれば、「トップ自ら、イマジネーションの限界を超えた」ということになります。

トップと構成員とのゴールの共有

トップが示すゴールを構成員が共有する様を、例を挙げながら示してみたいと思います。

アップル社の「アップル・ウォッチ」が発売されたとき、私はネットショップでのクリックのタイミングをミスしてしまい、「数カ月待ち」での購入となってしまいました。

数カ月も待てないと思った私は、そのとき、特別に店頭販売していた伊勢丹に予約を入れ、出掛けていきました。

基本的な応対は伊勢丹の社員さんらしき人がしてくれましたが、いざ契約となったとき、裏から外国人がやってきて、丁寧にお礼を言われました。

とてもうれしそうにお礼を言われ、その後もフレンドリーな会話が続きました。

彼は、伊勢丹でアップル・ウォッチの販売を担当していることを、とても誇らしく思っている様子でした。

彼は英語も話しましたし、日本語も話しました。

どうやら、アップル・ウォッチの販売のためにアップル社から派遣された社員さんだったようです。

しかも、日本語を話せることを考えると、かなりのエリートと推察されました。

日本、あるいはアジア地域の責任者、もしくは責任者でなくとも、かなりの権限を与えられた人のようでした。

そんな、アップル社のエリート社員（と思しき人）が、彼らにとっては辺境の地である日本の店頭でひとりのお客を接客することに誇りを持って接してくれているのです。

このとき、私は、日本の家電量販店などに派遣される大手メーカーの社員のことを思い出しました。

日本の家電量販店で、メーカーから派遣された社員が、自社製品の販売のための接客をしている光景をよく見ます。

全員がそうだとは言いませんが、少なくとも私が家電量販店で出会ったメーカーの社員さんたちはほぼ例外なく、嫌々接客しているように感じられました。

「俺は大手メーカーの社員で、本当はこんな田舎の家電量販店で、あんたみたいな人に家電を売るような人間じゃないんだよ」という態度がありありと出ている人があまりにも多いのです。

そんな大手メーカーの社員と同じような状況にあったアップル社の社員でしたが、日本のメーカーの社員とはまったく違い、彼の言動からは「接客がうれしくて仕方がない」「自分はここでアップル・ウォッチを販売していることに誇りを持っている」という気持ちがにじみ出ていたのです。

「自分はこんな世界の辺境で時計を売っているような人間ではない」などという態度とは180度違う、アップル社のプライドを全身にまとったような人でした。

これは、アップル社のトップ、故スティーブ・ジョブズ氏なのか、今のティム・クック氏なのかはわかりませんが、そうした経営トップが作り上げ、見せてきたものに違いないのです。

対して、日本の家電メーカーのトップは、そうしたことを見せていないのでしょう。

アップル・ウォッチの開発に当たっては、おそらくアップルの社内で相当な抵抗があったはずです。

それまでのアップル社の方向性とは明らかに異なるものでしたし、似たような方向性で他社（サムソンなど）の失敗例も見ているわけです。

しかも、私が購入したゴールドエディションのような1万数千ドルもするような商品を出すのは、会社としてかなりの覚悟が必要なはずです。

エンジニアや一般社員からは猛反対があったでしょう。

いや、経営陣の内部からも猛反対をくらったはずです。

そんな中、クックCEOはゴーサインを出しました。

彼は創業者でも、オーナー社長でもありません。

反対派、賛成派、両方の考え方を包摂する抽象度をクック氏は持っていたということでしょう。

イマジネーションの限界を超えてみせたわけです。

だから、現場の社員も「売らされている」ではなく、「誇りをもって売っている」という態度で接客できていたのです。

ゴールを提示しないで人を採用する恐ろしさ

トップがゴールを提示せずに人を採用することは、組織にとってはむしろ、かなり恐ろしいこと、危ういことだと言えます。

採用時に、トップがゴールを提示し、それを受け入れ、納得し、自身のゴールと合致させた人に組織に入ってもらうべきです。

トップのゴールと合致しない人が入ってきてしまうと、入ってもすぐに辞めてしまうかもしれませんし、先ほどの家電量販店で嫌々、販売業務をする大手メーカーの社員のように、組織にとっても、構成員にとっても、さらには顧客にとっても不幸なことになってしまいます。

そういう人が大勢いる組織が結果を出せるはずがありません。

かたや全員が同じ方向を向いて、同じゴールを共有しているのに対して、かたやバラバラで、多くの人が「辞めよう」、あるいは「こんな仕事は嫌だ」と感じているわけです。

勝負の行方はあまりにも明白です。

人材育成の落とし穴

次に人材育成について考えていきたいと思います。

人材育成と言ったときの「育成」とは、通常は「将来、経営を任せられる人材を育てる」ことを意味します。

「右も左もわからない状態から、とりあえず仕事ができるようにする」というのも人材育成だと思うかもしれませんが、そのレベルであればわざわざ「育成」しなくても現場で仕事を任せていけば、たいていの人はそれなりにできるようになります。

ここで言う「人材育成」とはもう少し高次元の話で、「リーダーを育てる」とか「経営トップになってもらう」とか、そういったことだと思って読んでください。

日本の場合、多くの企業が新卒一括採用方式ですので、ほぼまっさらな状態の若い人たちが一斉に入社してきます。

その段階では、ほぼすべての人が経営トップ候補、つまり誰が社長になってもいいように人材育成を行っていくことになります。

その際、最も重要なことは「**いかにイマジネーションの限界を作らない人材を育てていくか**」ということです。

ここまで何度も繰り返し述べているように「**トップのイマジネーションの限界が組織の限界を作る**」からです。

ところが、現状を見る限り、ほとんどの企業で行われている「人材育成」とは「知識を身につけさせること」と「型にはめること」の二つです。

もっとも、知識を身につけること自体は何の問題もありません。

知識は多いに越したことはないからです。

ただし、**知識を身につければ身につけるほど、「スコトーマ」も増えていくということを理解しておかなければならない**のです。

「スコトーマ」については上巻でも触れていますが、ここでもう一度、確認しておきます。

日本語では「盲点」などと訳されますが、ある知識があるために、その知識に焦点が当たることで、別の知識が見えなくなってしまうことを言います。

「固定観念」「既成概念」によって大事なことが見えなくなるという説明がわかりやすいか

もしれません。

例を挙げましょう。

昔、私がアメリカで、日本からの留学生と同じバスに乗って、長距離移動することになったときのことです。

そのバスには、アメリカ人もたくさん乗っていたのですが、私の隣に座った日本人留学生は、なぜか車内のアメリカ人たちとは一言もしゃべらず、ひたすら日本から持ってきた英文法の本を読み続けていたのです。

私は彼にこう言いました。

「英文法の本なら、日本でも読めるでしょ。せっかくアメリカに来たのだから、アメリカ人たちと会話したらどうだい。英文法よりも、生の英語の方がずっと勉強になるよ」

しかし、彼はこう答えたのです。

「あなたはそう言いますが、私はこの本の著者を信じます」

彼は日本で大学受験をする際、英語の勉強はとても大事だという知識を持っていたのでしょう。

さらに、英語の勉強では英文法がとても大事だという知識も持っていたと思います。そして、読んでいた英文法の本が受験に大いに役立ったのだと思います。

私は「英文法が大事だ」という知識自体が間違いだと思いますが、それはともかく、彼が強く信じていた「本で受験英語を勉強することで英語の成績が伸びる」「本で学んだ英語によって難関大学に合格できる」という知識（と経験）があったがために、「アメリカ人と直接、英語で話をすることで、生きた英語を学べる」という考え方がまったく入って来なくなってしまったわけです。

「英語の勉強は大事だ」と強く思えば思うほど、「アメリカ人との会話で生きた英語を学べる」という部分に目が行かなくなってしまうのです。

典型的な「スコトーマ」の例と言えるでしょう。

知識が増えることで、あるいは強い信念を持つことで「スコトーマ」が生まれてしまうのは仕方がないことです。

大事なことは「知識を身につけると必ずスコトーマが生まれる」と理解して、「スコトーマに気をつける」意識を知識と同時に持ち続けることです。

スコトーマが増えれば増えるほど、物事に対する死角が増えることになりますから、見えなくなる部分も増え、イマジネーションの幅もどんどん狭くなっていきます。

知識は大事、でも、知識を増やすとスコトーマが増えてしまうというジレンマに陥ってしまうのですが、あとは「**知識が増えるとスコトーマも増えることを常に意識する**」しかありません。

イマジネーションの限界を超えていくには、スコトーマの存在を知り、常にスコトーマをはずす意識を持つことです。

さて、日本企業の「人材育成」で行われているもう一つのこと、すなわち「型にはめる」ことについてですが、これは現経営陣が「使いやすい」人材を育成するための方法です。

「**型にはめる」というのは、少し言い換えると「過去に合わせる癖をつける」ということ**です。

これは非常に危険です。

ここまで何度も見てきたように、コーチングにおいて、「ゴールを現状の外側に設定する」というのは基本中の基本であり、それ以外にゴール設定はあり得ません。

ところが、「型にはめる」、つまり「過去に合わせる癖をつける」ということは、「徹底的に現状から抜け出せない人材を育成する」ことに他なりません。

「人を育てる」という名目で、結局は上司が使いやすい部下を大量生産するだけの作業が、あちこちの企業でごく当たり前に行われているのです。

現状の外側を見ることができ、その外側にゴールを設定できることが、ビジネスにおけるクリエイティビティのすべてです。

しかし、日本の多くの企業で行われている間違った「人材育成」によって、ほとんどのサラリーマンは、入社2、3年でクリエイティビティのかけらもない人材に仕立て上げられてしまうのです。

まず、知識を増やすことでスコトーマが増え、イマジネーションの限界を作るようになります。

そして、型にはまることでクリエイティビティが失われていきます。

これが、日本のほとんどの企業で行われている「人材育成」なのです。

これはおそらく、日本の企業社会に従業員（労働者と言い換えてもいいでしょう）の人格というものを徹底的に認めないカルチャーがあったからだと思います。

小林多喜二の『蟹工船』の世界が、まだまだ企業のトップたちの頭の中のどこかに根強く残っているということでしょう。

経営者たちは意識としては良かれと思ってやっていることなのでしょうが、無意識のうちに、従業員たちのイマジネーションの限界を作り、イノベーションの芽を摘んでいるとしたら、とてももったいないことです。

日本企業の生産性が低いのはなぜか

日本経済は、１９９０年頃をピークとしたいわゆるバブル経済の崩壊以降、長らく低迷を続けています。

１９８０年の名目ＧＤＰは約２４６兆円、１９９０年の名目ＧＤＰは約４４９兆円ですから、10年間で約２００兆円増えたわけです。

ところがその後は、約５００兆円前後をうろうろするばかりで、ほぼ横ばいの状態が続いています。

ＧＤＰが伸びない原因として「少子化」による「人口減少」を挙げる人がいますが、実は日本の人口はほぼ横ばいでそれほど減ってはいません。

しかも、この間の科学技術の進歩、情報テクノロジーの進歩はとてつもないものがあります。

みなさんが使っているパソコン一つ取ってみても、わかるでしょう。

１９９０年に仕事でパソコンを使っていた人がどれほどいたでしょうか。

パソコンが爆発的に普及することになったきっかけは、マイクロソフトの「Windows95」の登場だったと言ってもいいと思いますが、これが登場したのはその名のとおり、１９９５年です。

１９９５年当時のパソコンは、現在、みなさんが使っているものと比べると、おもちゃみたいな代物です。

インターネットは速くても９６００ｂｐｓ程度で、ＣＰＵのクロック数、メモリ、ハードディスク容量なども、今はＧ（ギガ）で表しますが（ハードディスク容量などはＴ（テラ）

ですね)、当時のパソコンは同じような数字でM(メガ)でした。

当時と今とでは、パソコンのトータル性能は約1000万倍よくなっていると言っていいでしょう。

パソコンを使っている一人一人の、ビジネスにおける生産性は、単純に1000万倍とまではいかないとしても、数百万倍くらいにはなっていないとおかしいはずです。

さらに、その数百万倍の生産性向上を成し遂げるパソコンを使いこなせる人の数も、爆発的に増えているわけですから、日本全体の生産性は超爆発的に増えていなければおかしいでしょう。

今はパソコンの話だけでしたが、携帯電話の性能もとてつもない勢いで向上し、また、携帯電話を持つ人の数も爆発的に増えました。

今や携帯電話は「電話」というカテゴリーを飛び越え、小型のパソコンと言ってもいいほどの性能を持ち合わせています。

また、社会の交通インフラの進化も目覚ましいものがあります。

鉄道網や高速道路網はあちこちへと伸び、どこへ行くにしても、移動時間は大幅に短縮されています。

この20数年で、とてつもない生産性の向上が起こっていてもおかしくない、いや、起こっていなければおかしいほど、さまざまな分野で目覚ましい技術革新が起きています。にもかかわらず、なぜ日本のＧＤＰは20数年間、ほぼ横ばいなのでしょうか。

いや、横ばいと言ってしまうと「とりあえず現状維持はできている」かのように思ってしまいますが、もし現在、１９８０年から１９９０年頃の日本の労働環境（例えば、パソコンや携帯電話を使いこなす人はほとんどおらず、鉄道網や道路網も当時のまま）だったら、今頃、日本のＧＤＰはどれほど落ち込んでいるかわかりません。

１０００万倍の性能を持つパソコンを使いこなす人が１０００倍の人数いると仮定するだけでも、掛け算すると１００億倍ですから、ＧＤＰが横ばいということは一人当たりの生産性は１００億分の1になっている計算になります。

１９８０年から１９９０年の間のビジネスマンたちは、そんなたいへんな労働環境の中でＧＤＰを２００兆円も伸ばしたのです。

さらにその前の「高度経済成長」の時代まで遡れば、もっとすごい伸び率になることでしょう。

高度成長期、そして1980年代のビジネスマンたちの生産性の高さはいったいどこから来ていたのでしょうか。

私は、「当時の企業トップたちが、従業員たちに『現状の外側にあるゴール』を示すことに成功していたから」だと考えています。

トップがゴールを見せる、夢を見せることができていた時代、それがオイルショックまでの高度経済成長期であり、オイルショックから立ち直った1980年代からバブル崩壊までだったのだろうと思います。

今やアメリカでも、ハーバード大学やスタンフォード大学といった超有名大学を出た若者が、GEなどの大企業やアメリカ政府の官僚ではなく、アップルやグーグルに就職したいと思う時代になっています。

それは、アップルやグーグルの経営陣たちが、若者たちに企業のゴール、夢をきちんと提示し、若者たちもそのゴールに共感しているからです。

ハーバード大、スタンフォード大卒の若者たちは「この会社に入ったら、こんなゴールを実現できるに違いない」と思って入社するのです。

これに対して、日本企業と日本のビジネスマンたちは、明らかにゴールを失ってしまっています。

さまざまな分野でゴールを失ってしまっていると感じますが、本書のテーマである職業、ビジネスの話に特化すれば、組織・企業のトップがその構成員たちにゴールを見せられていないからだと言わざるをえません。

先ほどの例で言うと、日本のデパートでアップル・ウォッチを売る仕事に心から喜びを覚えているアップルの社員と、家電量販店で「自分は本当はこんな仕事をするような人間ではない」と思いながら、嫌々販売させられている大手メーカーの社員との違いと言ってもいいでしょう。

また、アップルの社員はイマジネーションの限界を超えた発想ができたからこそ、「時計を作ろう」という企画を出せて、開発でき、販売にも成功したのです。

対して、日本のメーカーは技術力はあるのに、発想力にふたをされてしまっているため、開発力につながっていきません。

知識は必要だけれど必ずスコトーマができること、そして、トップは夢のあるゴールを示していくこと、さらに言えば、トップ、経営陣、上司が使いやすい部下を育てるという発想を捨てることが、今、多くの日本企業に必要なことです。

使いやすい部下が増えれば増えるほど、組織は劣化していきます。

むしろ、**「部下は使いにくければ使いにくいほどいい」ぐらいに思っておくほうがいい**でしょう。

あるいは、そもそも「使う」という発想から捨てる必要があるかもしれません。

上司は部下を「使う」のではなく、お互いが契約によって成り立っている相互補完の関係であることを再認識したいものです。

組織のコンプライアンス

次に、組織のコンプライアンスについて考えていきましょう。

一時期、企業・組織の持っている情報が、転売目的で漏洩する事件が相次いだことを覚えている人も多いことでしょう。

通信添削の会社から顧客名簿が漏洩し、転売されていたり、大手メーカーの元社員が、技術を漏洩させる目的で外国企業に転職したりといった事件が続きました。

あるいは、自動車メーカーによる燃費データ偽装などという事件も起こりました。

これらは、企業のコンプライアンス意識の低さを象徴するような事件と言えるでしょう。

「こんな、明らかに法に触れる、常識はずれの事例は論外で、そんなに多いわけではない」と思うかもしれませんが、みなさんの会社でもいつ起こるとも限らない話でもあります。

なぜ、こうした不祥事が続くのでしょうか。

このような**コンプライアンスの問題が起こるのも、結局は、企業のトップが企業のゴールをしっかりと示すことができていないから**だと考えます。

企業のトップがきちんとゴールを示すことができていれば、そして従業員各自が自身のゴールを会社と共有（包摂関係も含む）していれば、その共有されている中での行動規範が自然な形でコンプライアンスとなって現れるはずなのです。

自動車メーカーの燃費データ偽装など、まさにトップがしっかりとしたゴールを示せていない典型的な証拠でしょう。

「自社の利益のためなら、顧客や社会が困っても構わない」ということですから、企業全体として「金銭目的」のゴールしか持っていなかったに違いありません。

しっかりとしたゴールを見据えていれば、そもそも違法な行為をするなどということはあり得ませんし、コンプライアンスに抵触する行為をしている暇を惜しんで一心不乱にゴールを目指しているはずなのです。

USBメディアに顧客リストを保存して売るような人も、明らかに企業・組織とのゴールの共有ができていません。

こうした重要な個人情報を外部のスタッフに管理させているケースも見られますが、少なくともゴールを共有できたスタッフだけに管理させる必要があるでしょう。

結局、顧客リストを売却したり、機密情報を売却したりするような人は、ゴールが「所得」だけなのです。

顧客リストや機密情報を売れば所得が得られるわけですから、ゴールが「所得」だけの人は、当然、売ってしまうでしょう。

そこで「所得」以外の、もっと抽象度の高いゴールを、企業のトップが見せられるか、見せ続けられるかが、コンプライアンスのカギとなります。

「所得」だけのために違法な行為をしているというのは、通常の仕事がいかに「やりたくない」ことかを証明しています。

ここまで何度も見てきたように、「やりたくないこと」をやっても業績は上がりません（普通は下がります）。

対して、「これはすごい」というゴールを設定したトップのいる企業、そして従業員たちがそのゴールを目指して動き出した企業の業績は、天井知らずで伸びていきます。

企業にとっても、従業員にとっても、「所得」は結果です。

企業は「所得」だけのために活動しているのではありません。

企業トップのもつゴールを達成するために活動しているのです。

もちろん、会社は利潤を追求する組織ですし、お金がなければ会社は潰れます。

しかし、それだけのために企業活動をしているのではない、それだけのために企業活動していては絶対に業績は上がらないということを組織全体の共通認識として共有すべきです。

企業トップが「所得だけのために働いているような従業員は、こっちからお断りだ」と言うくらいでいいのです。

高いレベルのゴールを組織全体が共有し、みんながそこへ向かって突き進む企業には「コンプライアンス」などという言葉自体が必要ありません。

当たり前のことを当たり前にやる（あるいは、やってはいけないことはやらない）というだけの話になるのです。

イノベーションを生む組織

最近、よく「イノベーション」という言葉を使う企業が増えています。

「新機軸」とか「新しい切り口」といった意味ですが、経済的にはオーストリアの経済学者ヨーゼフ・シュンペーターが自著『経済発展の理論』の中で初めて定義したとされています。

その定義を簡単に要約すると「既存の価値を破壊して新しい価値を創造していくこと（創造的破壊）」「創造的破壊こそが経済成長の源泉である」といったことになります。

ここで重要なのは、「創造（力）」、すなわち「クリエイティビティ」です。

この「クリエイティビティ」は、コーチングの基本でもあります。

自身のやること（企業の場合は仕事）が目指すゴールと合致したとき、人間は異常なほどのクリエイティビティを発揮します。

逆に言えば、**クリエイティビティが発揮されないのはやること（仕事）がゴールと合致していないから**ということになります。

つまり、これも「**やりたくないことをやっているから**」**クリエイティビティが発揮されず、イノベーションが起こらない**ということです。

企業、組織にイノベーションを起こすには、従業員一人一人がクリエイティブな状態にいるようにすればいいのです。

そして、その方法は何度も見てきたように抽象度の高いゴールの設定とエフィカシーを上げることなのです。

M&Aする際のポイント

次にM&Aについて述べていきます。

ここまで読まれてきた読者の皆さんは、すでにわかっておられるかもしれませんが、M&Aに関してもここまで見てきた流れと基本的には変わりません。

吸収合併（買収）する側の論理として考えますが、これは新たに社員を雇う場合と同じです。

つまり、**吸収合併しようと思っている対象企業のゴールとあなたの会社のゴールが合致しているか、またはあなたの会社のゴールが対象企業のゴールを包摂できるかどうかが最も重要な点だ**ということです。

新たに雇う社員と同様、対象企業のゴールがあなたの会社のゴールと合致している、もしくは完全に包摂されていれば、新たに吸収合併した会社（吸収合併後はあなたの会社の一部）も非常にクリエイティブでイノベーティブな組織になるでしょう。

もしあなたの会社が、吸収合併する会社のゴールを包摂するゴールを持っていないとしたら、M&Aするべきではありません。

間違いなくあなたの会社にとっても、吸収合併される会社にとっても、不幸な結果になることでしょう。

ゴールが合致、あるいは包摂されていないと、あなたの会社の人たちは吸収合併された新しい組織の仕事ぶりを非常に不満に思うでしょうし、吸収合併された方の企業の人たちもあなたの会社に対して大いなる不満を抱くことでしょう。

それぞれが見据えているゴールが違うのですから、お互い頑張って仕事をすればするほど別々の方向に進んでいくことになります。

お互いに不満を募らせ、やがてどこかで衝突します。

もしゴールが違うにもかかわらず、お互いに不満を抱かず、波風立たずに仕事ができていたとしたら、それはお互いのゴールにまったく近づいていないことを意味しますから、それはそれで問題です。

いずれにしても、いい結果は得られません。

M&Aをする際には、相手の会社に自社のゴールをしっかりと示し、「あなたの会社も明日からこのゴールを目指してみませんか」と言うぐらいがちょうどいいのです。

あなたの会社のゴールが抽象度の高いものであることが前提ですが、そのゴールを目指すとコミットした組織は、クリエイティブな社員同様、必ずいい働きをする組織になってくれることでしょう。

第2章

コーポレートコーチの心得と現代の組織のあり方

「上級編」は実戦で

上巻から「入門編」「初級編」「中級編」と進んできましたので、読者のみなさんは「次に『上級編』があるのだろう」と思ったことでしょう。

もちろん「上級編」もあるのですが、ここから先は実際のコーポレートコーチングを受けていただくことで身につけてもらうことになります。

「もったいぶって、コーチングを受けさせようとしているな」と思うかもしれません。

別に否定はしませんが、「本」という媒体を通して文字でお伝えできることにはどうしても限界があるのです。

「自動車の運転の仕方の本」や「交通法規の本」をいくら熟読しても、自動車の運転ができるようにはならないのと同じです。

教習所に通って、実際に自分の体を使って運転を体験し、いろいろな経験をし、どのように操作すればどのように自動車が動くのかとか、どこに危険が潜んでいるのかといったことを体で覚えていくことではじめて、安全かつ滑らかに自動車の運転ができるようになります。

同様に、コーポレートコーチングも本だけですべてを学びきることはできません。もちろん「自動車の運転の仕方の本」や「交通法規の本」を読むことに意味がないと言っているわけではありません。

本をしっかりと読んで、理解してから実際に運転するのと、何の知識もなく、いきなりハンドルを握るのとでは、上達の度合いはまったく異なります。

ですから、まずこの本でしっかりと学んでいるみなさんは、このあと実際に体験されるときに、何の知識もなくコーポレートコーチングを受ける人たちと比べて、とても効果的に受けることができるはずです。

こうしたことから、「上級編」は「本書を読んで理解した上で、実際のコーポレートコーチングを受けること」と理解していただくとよいかと思います。

ということで、ここからはコーポレートコーチングの解説からは少しだけ離れて、「コーポレートコーチとしての心得」を見ていき、そのあとで、「現代の組織とはどうあるべきか」について見ていきたいと思います。

読者のみなさんは「私は自身がコーチになるわけではなく、コーポレートコーチングを受ける側なのですが」という人も多いことでしょう。

しかし「自分はコーチじゃないから、関係ないや」などとは思わないでください。

これまで何度も書いてきましたが、理想的な組織とは「組織の構成員一人一人がコーチの素養を備え、構成員どうしがお互いにコーチングを施し合える組織」だと言えます。

つまり、組織の構成員全員がそれぞれ組織での役割を果たしつつ、同時にコーチとしての実力をも兼ね備えている状態が理想なのです。

当然、一人一人がコーチとしての心得を身につけておく必要があります。

また、コーポレートコーチングを導入した際、依頼しているコーチにこれから述べるような心得がなかったとしたら、そのコーチはあなたの組織にとってあまり有効なコーチングを施してはくれないでしょう。

そうした、「コーチの力の見極め」にも利用できるものになると思います。

コーポレートコーチの心得として最も重要なこと

コーポレートコーチの心得として最も重要なことは何でしょうか。

それは、「**コーポレートコーチはコーポレートが好きでなければならない**」ということです。

当たり前だと思うかもしれませんが、意外なことに、必ずしも当たり前ではないのです。

さらにもう少し深く考えていくと、パーソナルコーチが人間好きなのはわかるとしても、コーポレートというバーチャルな存在を好きになるというのはどういう状態なのか、という疑問も湧いてきます。

私がすぐに思い浮かぶ「コーポレートが大好き」な人物に、ソフトバンクの孫正義さんがいます。

孫さんがまだ若手経営者などと呼ばれていた頃にお会いしたことがあるのですが、その頃から彼には「この人は本当に経営が好きなんだな」と思わせるものがありました。

彼は、次々と企業を買収しては、それらの企業の収益をどんどん改善させていきました。

M&Aをして会社を大きくしていく経営者には、M&Aには興味があっても、その後の経営には興味がないという人もいます。

しかし、孫さんは自ら先頭に立って、経営改善に取り組んでいたのです。

そんな姿を見るにつけ、孫さんの「コーポレート好き」を実感したものでした。

孫さんのコーポレート好きは、けっして組織というバーチャルな存在が好きだったということではありません。

孫さんは、組織を改善すること、組織をよくして収益を高められる状態にすることが好きだったのです。

つまり、**「コーポレートが好き」とは、ある特定の企業、あるいは組織というものが好きだということではなく、組織を改善するという行為、もしくは企業経営をすることや企業の経営状況を改善させていくことが好きだということ**です。

これなら、多くの人がイメージできるのではないでしょうか。

コーポレートコーチも、孫さんレベルとまでは言いませんが、経営が好きな人、組織改善が好きな人でないと務まりません。

「私、経営は苦手です」などと言う人はコーポレートコーチには向きません。人間嫌いな人がパーソナルコーチに向かないのと同じです。

ここで誤解しないでいただきたいのは、「コーポレートが好き」というのは、けっして「コーポレートが上げる収益（＝お金）が好き」という意味ではないということです。

お金だけの話なら、孫さんは当時からすでにかなりのお金を持っていたはずです。お金が好きというだけであれば、あれほどの高いモチベーションを維持して会社経営に取り組み続けることはできなかったでしょう。

もちろんお金は嫌いではないでしょうが、それ以上に「コーポレートが好き」だったに違いありません。

「経営」とか「組織改善」という言葉はやや漠然としていますが、例えばビジネスモデルを考えるのが好きだとか、新たなビジネスモデルを生み出すのが好きだとか、そういったことだと考えるとわかりやすいかと思います。

ただし、これらはコーポレートコーチ自身が行うわけではありません。組織の構成員がやれるように働きかけていくのがコーチの仕事になります。

コーポレートコーチは、「コーポレートが好き」＝「組織というダイナミックな存在が好き」である必要がありますが、コーポレートは人間と違って脳を持っていません。

先ほども述べたように、バーチャルな存在なのです。

ただし、バーチャルな存在とはいえ、そこには必ず人間がいますし、さらには全体としての総意があったり、瀕死の状態に陥ったり、そんな状態から持ち直して元気を取り戻したり、新しく生まれたり、くっついたり、離れたりといった、まるで生命現象のようなダイナミックな存在でもあります。

ですから、コーポレートコーチはこうしたダイナミックな存在、ダイナミックな展開が好きである必要があるのです。

別に、自身に経営スキルがある必要はありません。

上巻から何度も紹介しているアメリカのコーチングの大家ルー・タイス氏は、自身は氷の上を滑ることもできないのにアイスホッケーチームのコーチをしていました。

また、彼は戦争が大嫌いでしたが、アメリカ軍の特殊部隊に対してコーチングを行っていました。

彼は、アイスホッケーチームもアメリカ軍特殊部隊も同じ「コーポレート」として見ていたのでしょう。

「スポーツチーム」とか「軍隊」といったカテゴリーを取り払って「コーポレート」として見ていたと言ってもいいでしょう。

そして、そのどちらもダイナミックな存在であり、そのダイナミックな存在が大好きだったのです。

バーチャルな存在に臨場感を持つ人を育てる

先ほど、孫正義さんの例を出しましたが、孫さんはおそらく企業というバーチャルなコーポレートに強い臨場感を持っていたと考えられます。

強い臨場感がないとバーチャルな世界での出来事を上手に行ったりすることは難しいのです。

そして、そういったバーチャルなものが好きでないと臨場感を感じることが難しいという側面もあります。

以前、こんなことがありました。

角川春樹さんが製作総指揮を担当した『神様のパズル』という映画があります。私はこの映画で「監修」を担当しているのですが、当初は物理学者の松井孝典さんにお願いしようと思って、角川春樹さんと私とで松井さんに会いに行ったことがありました。

結局は「これは科学ではない」という理由で（原作がSF小説ですから、科学ではないのは当然なのですが）監修を断られてしまい、私が「監修」を担当することになったのですが、それはともかく、松井さんは数式というバーチャルなものに強い臨場感を感じられる人だったのです。

私と角川春樹さんがご挨拶すると、松井さんはこんなことをおっしゃいました。

「君たち地球人にはわからないと思うけど、ビッグバンってすごく怖いんだよ」

角川春樹さんはきょとんとされて、「ビッグバンが怖いって、どういうことですか」と尋ねました。

すると松井さんは「この計算式を見てごらん」と言って、数式を見せてくれました。

そして「ほら、怖いだろう」とおっしゃるのです。

ビッグバン以前は何も存在しないことを示す波動方程式で、式の意味はだいたいわかりましたが、そんな私でも、その式を見て「怖い」という感情は湧きませんでした。

しかし、松井さんはその数式を見て「怖い、怖い」と言うわけです。

数式を見るだけで、ビッグバン以前の、何もない無の世界を強い臨場感を持って感じていたのです。

私も、コンピューター・プログラムのプログラム言語であれば、そのプログラムの世界観をかなりの臨場感を持って感じることができますが、さすがに波動方程式でビッグバンの恐ろしさの臨場感を感じ取ることはできません。

私がプログラム言語の臨場感を感じられるのは、その世界で長年やってきたということもありますが、そもそもの根底に「プログラミングが好き」だということがあります。

だから、プログラムというバーチャルな存在に対して強い臨場感を感じ取ることができるのです。

松井さんも同様で、物理学とか数学とか、宇宙とかビッグバンの謎を解くことなどが好きで好きで仕方がないのだと思います。

だからこそ、数式という、実体のないものに「怖い」という感情が沸き起こるほどの臨場感を感じるわけです。

コーポレートの話に戻ると、**コーポレートが好きで好きで仕方がない（コーポレートが改善されていく様が好きで好きで仕方がない）という人こそ、コーポレートコーチにふさわしい**と言えます。

コーポレートコーチ自身がコーポレートを好きで好きでたまらないことが重要ですが、さらにそんなコーポレートコーチのコーチングによって、コーポレートの構成員たちも同じようにそれらが好きで好きでたまらなくなるというのが、コーポレートコーチングの目指す一つの目標ということになります。

バーチャルながらダイナミックに変化するコーポレートとそのゴール

コーポレートは、構成員どうしの関係性（縁起）によって、常にダイナミックに変化しています。

そんなダイナミックな存在が「ゴールを持つ」ということについて、ここでもう一度、改めて考えてみましょう。

コーポレートのゴールというものは、誰かが決めるというものではなく、コーポレート自身、あるいはコーポレートコーチングされた空間に内包されていると考えます。取締役会で決めるものでもなく、株主総会で決めるものでもなく、社長や会長が決めるものでもありません。

社長や会長は、ただその内包されたゴールを顕在化させて、表現するだけです。

ここまで「経営者は社員に企業のゴールを示さなければいけない」という話もしましたが、これは「**経営者がゴールを作り出す**」**という意味ではなく、「コーポレート空間に内包されているゴールをきちんと把握して、わかりやすく表現して、見せてあげる」ということ**です。

もちろん、これまで述べてきたように、構成員がそのゴールを変えてもかまいませんし、新たにゴールを生み出しても構いません。

ただし、それすらもすでにコーポレート空間に内包されていたものだと考えるのです。ゴールについて考える際に、「このコーポレートはこうあるべきだ」というような考え方をすることが多いかと思います。

このとき、「こうあるべきだ」という「あるべき状態」がそのコーポレートの進むべき道を作るのと同時に、「このコーポレート」と限定したときにそのコーポレートの「あるべき状態」が自然と限定されていきます。

ちょっとわかりにくいかもしれませんので、例を出しましょう。

例えば、「医者」という職業について考えてみます。

「医者」はコーポレートではないと思うかもしれませんが、個人としての「お医者さん」ではなく、「医者という職業」には実体がないという意味ではバーチャルな存在なので、コーポレートと同じように考えることができます。

さて、では「医者」とは何でしょうか。

「そんなの簡単だ。病気を治す人が医者だ」

確かに医者は病気を治すかもしれませんが、「病気を治す人はすべて医者だと言える」

という命題は偽（＝誤り）です。

例えば、薬剤師が処方した薬が効いて、ある人の病気が治ったとしても、その薬剤師は医者ではありません。

また、霊験あらたかな祈祷師が祈祷をしたところ、ある人の病気が治ったとしても、その祈祷師は医者ではありません。

つまり、「医者とは病気を治す人のことである」という定義は間違いだということがわかります。

「だったら、医者とは『医師免許』を持っている人のことだ」

これはかなり正確な定義と言えそうですが、ここで一つ、問題が出てきます。

例えば、もう助かる見込みのない患者さんが「助からないなら苦しいだけなので安楽死（尊厳死）を選びたい」と言うので、ある医者は苦しむ患者さんを不憫に思い、安楽死をさせてしまったとしましょう。

この医者はほぼ善意に基づいて、医療行為としての安楽死を選択したわけですが、安楽死を認めない人たちからは「あなたのような人は、医者でも何でもありません」などと言われてしまうかもしれません。

正式な医師免許を持っていて、日々、医療行為を行っている医者が、一件だけ安楽死という措置を取ったがために「あなたは医者じゃない」と言われてしまうとしたら、これはどういうことなのでしょうか。

これは、「医者」という職業のゴールが、安楽死の措置を行った医者と「あなたは医者じゃない」と言う人とで異なるということです。

このケースでは、片や「患者さんの命をできる限り助ける医療を施すが、医療には限界があり、延命措置が患者さんを苦しめるだけだとしたら、必ずしもやるべきではない。患者さんの尊厳を第一義とするのが医者のゴールである」と考え、片や「どんな命でも死んでしまったら取り戻すことはできない。何があってもその生命が死を迎えるぎりぎりまで、延命のための努力を続けるのが医者の努めである。最後まで命を尽きさせないことが医者のゴールである」と考えています。

どちらが正解ということではなく、医者という職業のゴールについての見解が異なっているのです。

なぜそういうことが起きるのでしょうか。

ここで考えるべきことはふたつです。

ひとつは、コーポレートのゴール（ここでは「医者という職業のゴール」）は、構成員が新たに作り出すものではなく、そのコーポレートにすでに潜在的に内包されているということ、もうひとつは、内包されているとはいえ、そのゴールはコーポレートと関わる人によって見え方、捉え方が変わる（さまざまな人とコーポレートとの縁起によってダイナミックに変化する）ということです。

言い換えると、**「概念というものが一度生まれると、その概念は独自のゴールを持って動き出す」**ということです。

「医者」という言葉が生み出す概念が、「医者としてのあるべき姿」を映し出し、人々はそれをゴールだと解釈します。

そして、それは縁起によって、さらにダイナミックに動き出します。

このゴールから外れていると思われた医者は「おまえなんか（あんなやつは）医者じゃない」などと言われてしまうわけです。

安楽死の措置を施した医者は、ある人からは「患者を苦しみから解放したすばらしい医者だ」と言われ、ある人から「いや、あんなやつは医者じゃない。患者を死に至らしめたとんでもないやつだ」と言われてしまうのですが、ここはディベータブルな（議論の余地がある）領域になってきます。

繰り返しになりますが、重要なことは「**ゴールはコーポレートの中にすでに内包されている**」ということと、「**それにアクセスする人物や他との関係性（縁起）によって解釈は変化しうる**」ということです。

ですから、コーポレートのゴール設定をするときには、「このコーポレートのゴールを必死に考える」というよりも「このコーポレートのゴールは何だろうと考えて探してみる」、あるいはコーポレートの構成員（トップも含めて）に「探し出してもらう」ということになります。

けっして、「民主的に決める」とか「トップが強引に決める」といったものではないということは理解しておいてください。

「窓際族」のゴールも「熱血社員」のゴールも同時に包摂できる

前項のようなことを押さえておくと、**「脳を持っていないコーポレートというバーチャルな存在にコーチングをしたり、ゴール設定したりすること」とは、すなわち「コーポレートの構成員に、自身の所属するコーポレートがもともと内包しているゴールに気付いてもらうこと」に他ならない**ことがわかります。

さらに言えば、「ゴールは現状の外側」に設定するわけですから、「気付いた」と思っても、さらにその外側のゴールにも気付いて、そこへゴールセッティングできるように導くのがコーチの仕事と言えるでしょう。

コーチはコーチングをする対象者のブリーフシステム（思考の癖とか、強く信じている信念など）を見極め、その人のイマジネーションの限界を見極めます。

そして、その限界を突破させてあげ、スコトーマに隠れていたゴールを探させて、見つけさせてあげます。

コーチはそのコーポレートが本来持っているゴールを探す手助けをし、構成員たちが最終的に見つけ出せるようにしてあげます。

コーポレートコーチ自身のコーチングのゴールは、まさにここにあると言っていいでしょう。

さて、結果として、そのコーポレートが持つゴールは、当然のことながら、構成員全員のゴールを包摂していることが大前提となります。

「全然仕事をしない、いわゆる『窓際族』のおじさんのゴールも、必死に会社の業績を伸ばそうとしている熱血社員のゴールも、両方とも包摂しているなんて、無理じゃないか」と思う人もいるかもしれません。

低いレベルの抽象度で考えていると、どうしてもそういった結論になってしまうかもしれません。

しかし、少し抽象度を上げて考えると、十分に包摂することができます。

例えば、必死に会社の業績を伸ばそうとしている熱血社員は、当然、会社全体の生産性の向上を図ろうとするはずです。

生産性が高くなるということは、その分、ひとりひとりの働く時間は短くてすむことになります。

もちろん、長く働けばその分、生産量や生産額は増えるでしょうが、人間でもコーポレートでもゴールはひとつではありませんから、他のゴールとのバランスを取っていくと、ほどほどの勤務時間で切り上げ、あとは別のことに時間を使う（別の分野のゴール達成に向かうことに時間を使う）方がいいかもしれません。

生産性が高まり、業績が高まっている企業は、できるだけ負荷の少ない作業で高い業績を上げることを一つのゴールとするはずです。

ただひたすら働き続けて業績を上げるというのには限界がありますし、それはまったく生産性が高まっていないことを意味しますから、ゴールとしては機能しないでしょう。

競合他社がいたとしても、他社よりも生産性が高ければ、その分、勤務時間も短くてすむことになります。

そう考えれば、**優秀な企業であればあるほど、勤務時間が短く、仕事が楽だ（＝生産性が高いから）ということになる**でしょう。

だとすれば、**窓際族を養える体力がある企業ほど優秀、つまり、窓際族の数が企業の生**

産性の高さのバロメーターとなりうるとも言えるわけです。

ここまで来ればもう大丈夫でしょう。

普通は「いてもらっては困る」ような窓際族であっても、「あの人たちが遊んでいても給料がもらえるのは、会社が優秀な証拠だ」と捉えることで、ゴールを共有（包摂）できるようになるわけです。

別に、窓際族とか、お茶くみばかりさせられている人から、「どういうゴールを設定しているのか」などと聞き取り調査をする必要はありません。

ただ、抽象度を高めて、包摂してしまえばいいだけです。

ゴールは漠然としていてもいい

ここまで理解した上で、次にコーポレートコーチがやっていくことは何でしょうか。

それは、ゴールをきちんと理解した組織の構成員たちがアクションを起こしていく中で、具体的なコース・オブ・アクション（ＣＯＡ）を示していくということです。

ＣＯＡとは、想定される状況を吟味した上での、そのいくつかの状況下で行うべき行動パターンのことです。

ＣＯＡはエンドステート（「上巻」第3章参照）があってはじめて決まってくるものですが、まずゴールが定まると、それぞれの構成員の抽象度に応じてエンドステートが決まり、そのエンドステートに合わせてＣＯＡが定まってくるということになります。

上巻で、軍隊が外国のテロリストに捕まった人質を救出に行くとき、特殊部隊が乗るヘリコプターの操縦士と、ヘリコプターや特殊部隊を輸送する空母の船長と、特殊部隊の隊長とではエンドステートが違うという話をしました。

それぞれのエンドステートが違うので、当然、ＣＯＡもそれぞれ違います。

しかし、全員、「人質を無事に救出して自国に戻る」という大きなゴールを共有していることは間違いありません。

ただし、実はもっと抽象度の高いゴールがあるかもしれません。

例えば、「人質を無事に救出して自国に戻る」よりも抽象度の高い「テロリストを撲滅する」というゴールもあり得ますし、もっと抽象度が高いものであれば「世界中の人々がずっと平和に暮らせる世の中にする」というゴールもあり得るでしょう。

「じゃあ、本当に目指すべきゴールはどれなんだ」と思うかもしれませんが、**ゴールは漠然としていてもいい**のです。

曖昧で抽象的でよくわからないけれど、何か漠然とすごく高いところにありそうだというぐらいの認識でかまいません。

先ほど述べたように、ちょっと見たところでは相反するような、ディベータブルなものが複数あってもいいのです。

ただし、ゴールは漠然としていたとしても、エンドステートはとても正確である必要がありますし、さらにＣＯＡもきちんとしたものになっていなければなりません。

そうでないと、目の前のミッションを遂行できません。

一つの共通したミッションを成し遂げる場合でも、通常は複数の部隊がそれぞれ異なる役割を担って行動します。

つまり、さまざまなチームがそれぞれのエンドステートを持ち、その中の構成員ひとりひとりも各自のエンドステートを持っているわけです。

そして、それに応じて、各チーム、各自がＣＯＡを練り、具体的な行動へと落とし込んでいきます。

組織としての、こうしたダイナミックな動きの中では、コーポレート全体としてのＩＱはとても高く上がっている状態になります。

ただし、**エンドステートをしっかりと作り上げ、それぞれがやるべきことを明確にし、そのとおりに動く様子は、傍から見ると「決められたとおりのことをやっているだけ」「命令されたことをこなしているだけ」と見える場合がほとんど**です。

つまり、傍からはＩＱが思い切り下がったように見えるのです。

やるべきことを粛々とこなす様子は、内情を知らない外部の人たちからは「命令通りに動く、思考停止の集団」のように見えるかもしれませんが、実際はまったく違って、コーポレート全体のＩＱが非常に高まった状態になっているのです。

外部からどう見られようが、関係ありません。

自分たちのゴールを持っていれば、必然的にエンドステートが決まり、そこへ目指す動きは間違いなくＩＱの高まった状態なのです。

「アサンプション・アップデート」を行う「デタッチメント・ユニット」

では、なぜエンドステート、ＣＯＡを粛々とこなすことがＩＱの高まった状態と言えるのでしょうか。

それは、**エンドステートも、ＣＯＡも、事前に誰かによって決められたものではなく、刻一刻と変化する状況に適応するために「アサンプション・アップデート」された結果だ**からです。

この「アサンプション・アップデート」はＩＱの低い状態では、うまくできません。

「アサンプション・アップデート」とは、状況に応じて「アサンプション（想定）」を「アップデート（更新）」すること、もう少し噛み砕いて言えば、「状況の変化に応じて行動計画を書き換えていくこと」です。

これは必要に応じて随時行う（少なくとも随時行う準備をしておく）べきものです。

ＣＯＡは事前に想定される状況を予測して行動計画を考えていくものですが、現実には状況は刻一刻と変化します。

変化の度合いに応じて、ＣＯＡを変える必要があったり、なかったりするわけですが、変える必要がなかったとしても、状況を捉えて、ＣＯＡをその状況と照らし合わせた上で「変える必要がない」と判断を下すことになります。

このＣＯＡを変える（変えないという判断も含む）ことを「アサンプション・アップデート」と言うわけです。

また、この**「アサンプション・アップデート」は通常、最小単位のチーム（部隊）が独自に行う**ことになります。

状況の変化を逐次、上司に報告して、ＣＯＡの変更許可を求める、あるいは変更の内容自体を決めてもらうなどという悠長なことをしている暇は、現代のコーポレーションにはありません。

ほとんどのケースにおいて、その場でそこにいる構成員たちの判断ですぐに動かなければならない、それができない企業は、最終的には競争に敗れてしまう、そういうビジネス環境になっているのです。

これは、人質救出を任務とする特殊部隊が、目の前の敵の行動を逐一、本部に報告して、自分たちの次の行動についての指示を仰ぐことなどできないという状況とよく似ています。

目の前に現れた敵の戦力が、想定していた敵の戦力と異なった場合、それを本部に報告して、撤退すべきか、交戦すべきかの判断を仰ぐなどという暇はありません。その場で構成員たちが判断しないと、間違いなく部隊は全滅します。

現代のビジネス環境も、まさにそのような状況にあるということです。

このように、本部の判断を仰げない状態にある部隊のことを「デタッチメント・ユニット」と言います。

現代のビジネスにおける各部署は、基本的に「デタッチメント・ユニット」だと言えます。

刻一刻と変化するビジネス環境において、あらゆる細かい指示を上司や上層部に仰いでいる余裕はありません。

少なくともその部署のトップ、さらに言えば、**構成員ひとりひとりが常時、的確にアサンプション・アップデートができなければ企業は生き残れない**と言えるのです。

縦系列からデタッチメント・ユニットへ

ここまで見てきたように、**現代の過酷なビジネス環境で勝ち抜いていける企業とは、３人から７人程度の少数精鋭のユニットがものすごく強力な生産性を上げていく、そんなユニットの集合体であるべき**です。

いや、そういう集合体だけが勝ち抜いていけると言っていいでしょう。

それぞれのユニットは３人から７人程度の小さな部隊ですから、以前のような企業で言えば、そのリーダーたちは、外部からは本当に小さな部署の係長程度に見えることでしょう。

しかし、その小さなユニットのリーダーたちには、実際にはまるで社長やＣＥＯであるかのような権限が与えられており、彼らはＣＯＡのアサンプションを常にリアルタイムでアップデートし続けているのです。

さて、初めての方にはやや難解な用語が連続して出てきてしまったかもしれませんので、簡単にまとめておきましょう。

以前の企業（組織）は、完全に縦系列の命令系統が確立していて、各自、各ユニットのエンドステート、ＣＯＡは、それぞれの上の階層から直接的に「業務命令」などの形でなされました。

ビジネス環境が目まぐるしく変化する現代の企業（組織）では、このやり方では常にライバル等に後れを取ることになり、生き残ることができません。

物理的な時間がかかることは一つ一つの判断の遅れにつながるだけでなく、情報が刻一刻更新される中、古い情報に基づいた判断が行われる可能性が高くなります。

古い情報に基づいて正確な判断ができるはずがありません。

このことに気付いた企業（組織）の多くは、縦の系列も残しつつ、同時に各ユニットに大きな権限を与え、ユニットごとに臨機応変に判断し、行動していくようになりました。

各ユニットのリーダーには、企業のＣＥＯ並みの権限を与えられ、変化する状況を常に読み取り、その変化に応じて行動計画を的確に変更し、行動に落とし込んでいく力が要求されるようになりました。

また、現代のデタッチメント・ユニットの考え方では、すべての構成員がいつでもリーダー（コマンダー）になれる必要があります。

軍隊では、コマンダーが敵の攻撃を受けて戦闘不能状態に陥ることも十分に想定しておかなければなりませんし、そうなれば、コマンダー以外の構成員がコマンダーとしてユニットを率いていかなければならなくなります。

企業組織でも同様です。

リーダー不在の状況でも、その場の判断でユニットが行動を起こさなければならないケースが多々起こり得るのです。

そのとき、リーダー以外の構成員にリーダーとしての能力がまったく備わっていなかったらどうなるでしょうか。

判断できずに、大きなビジネスチャンスを逸してしまうかもしれませんし、場合によっては大きな損害を出してしまうこともあるかもしれません。

だとすれば、**現代の企業が採用、育成すべき人材とは、デタッチメント・ユニットにおいて、いつでもリーダー（コマンダー）となれるような人**ということになるでしょう。

少し前の企業は、「私はテクノクラートなので、この部品のこの部分のことには詳しいですが、他のことはわかりませんし、興味もありません」とか「私は技術職人で、この技術のことは誰よりも詳しいですが、他のことはまったくわかりません」という人たちが集まっていました。

この時代、分業体制が確立していて、人は非常に狭い、自分の専門分野のことだけに特化していればよく、むしろその方がうまくいっていました。

構成員（従業員）は上から下まで全員が機械の歯車であり、やるべきことはすでに与えられており、それだけをやっていれば生産性が上がり、他の歯車のことなど知る必要もありませんでした。

人々は、与えられた作業が全体にとってどのような意味があるのかを知る必要もありませんでした。

現代の企業は、これではダメなのです。

「私はテクノクラートで、この分野に関しては誰にも負けない専門家です」というだけの人材ではダメだということです。

隣の人が何らかの理由で業務不履行の状態に陥った場合、テクノクラートだろうと何だろうと、誰かがその人の代わりにその業務を行うか、あるいはその人が業務不履行になることを想定したＣＯＡをあらかじめ用意しておいて、アサンプション・アップデートして、そちらのＣＯＡを選択し、行動することが必要になります。

上巻の終わりにも書きましたが、**二つ上ぐらいの抽象度（あるいは、それ以上）のポジションなら、いつでも取って代われる能力を持っている人を採用し、育てる必要があるわけです。**

つまり、軍隊で言えば、普段は通信兵だったり、衛生兵だったりするのに、いざとなったら師団長、あるいはもっと上の仕事ができる若手を採用し、育成するということです。

若くて現場でバリバリ働いているけれど、いざとなったら取締役、いや社長と同じくらいの働きができる人材といったイメージです。

いきなり新人が社長の能力を持つというのは、現実的ではないと思うかもしれません。たしかにそうかもしれませんが、いつでも社長に取って代われるという自覚を持てるほどエフィカシーを高めることは可能です。

そうなれば、時間とともに能力も高まっていきます。

そのエフィカシーを持てるようにすること、そういったマインドを作れるようにすることこそが、まさにコーチングの役割なのです。

コーチングとコンサルティング

上巻でも少し触れましたが、**コーチングとコンサルティングはまったく違う**ものです。

昨今の経営コンサルタントの知識やその働きぶりには、とても感心させられます。

私の友人にもいわゆる「凄腕コンサルタント」がいるのですが、その仕事ぶりには本当に頭が下がります。

彼らは、企業（組織）のコース・オブ・アクション（ＣＯＡ）を作成し、経営陣にプレゼンテーションして、採用になれば、今度はそのＣＯＡに沿って従業員たちを動かしていきます。

彼らは、まずＣＯＡの作成能力が高く、さらにそれをペーパー（エクセルやパワーポイントなどのデジタルツールを含む）に落とし込む能力、プレゼンテーションする能力、そして実際に行動させる能力にも長けています。

本当に優秀な経営コンサルタントがいれば、はっきり言って、経営者は自ら経営手腕を発揮する必要がありません。

経営コンサルタントが企業の「隠れ経営者」として機能するわけです。

本当の（肩書き上の）経営者は、コンサルタントが作った資料をいかにも自分が作ったような顔をして配り、コンサルタントが用意したシナリオ通りにしゃべり、シナリオ通りに業務命令を発するだけで大きな利益を生み出すことができるわけです。

経営コンサルタントに高額な費用を支払っている企業はたくさんあります。

例えば、年間１００億円支払っている企業があったとしましょう。

金額だけを見ると「高い」思うかもしれませんが、その優秀なコンサルタントと契約していることで1兆円の利益が出せるとしたら、１００億円など安いものです。

ここで出した金額は極端な例かもしれませんが、優秀なコンサルタントを雇うというのは、単純な金額で高いか安いかを決めるのではなく、そのコンサルタントを利用することで得られる利益との比較で決まると考えるべきです。

さらに、経営コンサルタントは企業の「ミッション」まで生み出してくれます。エンドステートはミッションがあってはじめて決まるものですから、ミッションがなければ、組織の構成員たちは行動を起こすことができません。

ミッションとはそれほど大事なものなのです。

対して、コーポレートコーチングのコーチは、ＣＯＡの検討も、資料の作成も、プレゼンテーションも、従業員の業務管理も、ミッションの作成も行いません。

では、何をするのでしょうか。

コーチは、社内に「ミッションを作る人」を生み出す役割を担うのです。

それまでは組織内の一構成員だった人たちが、コーポレートコーチングを受けることで、ミッションを生み出せる人に育っていくということです。

コーポレートコーチングによって、社内に優秀な経営コンサルタントが何人も育っていくことになるわけです。

しかし、私が言いたいのは「コーポレートコーチングを導入すれば、経営コンサルタントを雇う必要がなくなる」ということではありません。

本当に優秀な経営コンサルタントというのは想像を絶するほど優秀ですし、それこそ100億円支払ってもその何十倍もの利益を生み出してくれることもあります。

コーチングで育つ社内の人たちがそこまで育つのにはそれなりの時間もかかるでしょうから、経営コンサルタントを雇い続けるかどうかは、彼らが育ってきてから考えればいいことです。

いずれにしても、それは社内の人たちが考えることで、コーポレートコーチングを受けた結果、「ここところは外部のコンサルタントに任せる方がいい」と判断したなら、そこは任せればいいですし、「全部、自分たちでできそうだ」と思ったら、自分たちでやればいいでしょう。

私自身の考えをあえて述べさせてもらえば、「経営コンサルタントを雇うよりも、コーポレートコーチングを受けて、社内の人たちだけですべてのことができた方が、圧倒的に効率がいいだろう」と思います。

では、コーチングとコンサルタントとは、ビジネスとして競合するのかといえば、私は必ずしもそうとは限らないと考えています。

コーチングの導入によって、現場に近い作業、例えばＣＯＡの洗い出しやそれを具体的に実行に移していく作業などは現場（社内）の人が中心になってやっていく方が効果的に違いありません。

そして、外部の経営コンサルタントは、今以上に抽象度の高いクリエイティブな仕事に特化していくことになると思います。

経営コンサルタントにとっても（特に優秀なコンサルタントであればあるほど）、現場のこまごまとした仕事から解放されて、クリエイティブな業務に特化できるわけですから、とてもいいことなのではないでしょうか。

先ほども述べたように、現代の企業はデタッチメント・ユニットであり、いちいち上層部に判断を仰ぐような、悠長なビジネスをしていたのではとうてい生き残れません。

常に現場で判断をし、ＣＯＡをアップデートしていかなければならないのです。

これは経営コンサルタントを雇っている場合でも、同じです。

いちいち経営コンサルタントにお伺いを立てるよりも、自分たちでアサンプション・アップデートしていった方が圧倒的に効率がいいはずです。

さて、先ほども述べたように、このとき現場の社員たちは抽象度で一つ上か、できれば二つ上ぐらいの臨場感をもって仕事にあたることになります（『上巻』の113～114ページも参照）。

抽象度を上げておかないと、ミッションの作成やアサンプション・アップデートはできません。

コーチング相手は組織であり個人でもある

コーポレートコーチングは基本的には、組織全体に対してコーチングが行われます。

当然と言えば当然ですが、特定の個人だけがコーチングの成果を得ただけでは不十分で、組織全体が成果を出す必要があるわけです。

ただし、実際にコーチングを施す相手は個人です。

組織というバーチャルなものに直接、コーチングを施すことはできません。

さらに細かく見ていくと、コーポレートコーチングには大きく分けて二つの部分があることがわかります。

一つは、組織のトップや経営陣のマインドを変えていくようなコーチングです。

トップの変化は、組織に大きな影響を与えます。

トップが変われないと、せっかく組織全体がいい方向に進んでいても、もとに戻されてしまうかもしれません。

そういう意味でも、トップへのコーチングはとても大事になります。

もう一つは、組織の構成員たちへのコーチングです。

組織というバーチャルな存在へのコーチングと言ってもいいでしょう。

こちらは、すでに組織を取り仕切って、動かしている人たちとは違って、まずは組織の末端にいる構成員たちの抽象度を上げて、いつでもデタッチメント・ユニットのリーダーとなれる人になってもらうというのが、一つの目標となります。

ただ、いずれにしても、人に施すコーチングですから、完全に画一的なマニュアル化はできません。

相手によってアプローチの仕方は変わってきます。

それが「**縁起**」というものです。

大きな柱の部分は何も変わりませんが、細かな実践方法が変わってくるということです。

コーチングとは、結局は人と人との縁起によるダイナミックな躍動であるということは、コーチも、コーチングを受ける人も理解しておいてほしいと思います。

コーチとメンター

まれに「メンターとコーチとは、どのような違いがあるのですか」と尋ねられることがあります。

コーチングを施す人が「コーチ」なのはいいと思いますが、では「メンター」とはどのような人を指すのでしょうか。

日本語では、「師」「師匠」などと訳されることがありますが、ビジネスにおいて「師匠」という用語はあまりなじまないかもしれません。

要するに「お手本となる人物」「目指したい人物」という意味だと思っておけばいいでしょ

う。

そう捉えれば、コーチは「お手本となる人物」「目指したい人物」とは違うことは明らかなので、違いもわかりやすくなるかと思います。

自身がコーチを目指していて、「あの人のようなコーチになりたい」と思っている場合は、そのコーチがメンターになるのかもしれませんが、そういったケース以外はメンターにはなり得ません。

メンターは、具体的で細かな内容までアドバイスしたり、本人の代わりに判断してあげたりすることも可能です。

対して、コーチは内容に関する具体的なアドバイスや判断などはしません。

本人が判断できるような視点を提供したり、判断できるようなマインド作りのお手伝いをしたり、クリエイティブなマインドを作ってあげたりするのがコーチの仕事です。

マインドの使い方に関わることだけで、業務の内容には一切関わらないのがコーチです。

ルー・タイスが、自身はスケートも滑ることができないのにアイスホッケーチームのコーチができたのは、内容には一切関わらないからです（日本では内容に関わる人も「コーチ」

と呼ぶケースが多いのですが、正確には彼らは「インストラクター」です）。

ホッケー選手にとって、ルー・タイスはメンターではありません。

けっして、ホッケー選手としてお手本となる人物、目指すべき人物ではありませんでしたが、選手たちのメンタルを変え、エフィカシーを高めて、競技成績を向上させることができるコーチでした。

このように見ていけば、コーチとメンターとはまったく違うものだということは理解いただけたことと思います。

コーチングを受けると会社を辞める人が増えるという意見について

ここで、よく言われる「コーチングを受けると、その人たちは自身の本当のゴールを見つけてしまうので、会社を辞めてしまう」という意見について考えてみたいと思います。

たしかにパーソナルコーチングの場合、本当にやりたいこと、本当のゴールを見つけた人は、それまでやっていた仕事が「have to」であり、「want to」ではなかったと気付いて、会社を辞めてしまうというケースが多々あります。

これを「その人個人にとってはやりたいことが見つかってよかったのかもしれないが、会社にとってはせっかく育てた人材が流出してしまうことになるので、よくないことだ」と捉えるために、こうした意見が出てくるのだと思います。

本当にそうでしょうか。

本当にやりたいこと、本当のゴールを見つけた人が会社を辞めることは、会社にとってよくないことなのでしょうか。

私はそうは思いません。

一つには、もし企業のトップが全従業員のゴールを包摂するような高い抽象度のゴールを提示できていれば、（従業員が本当のゴールを見つけたとしても、そのゴールをも包摂したゴールを提示しているので）社員が会社を辞めたりはしないということがあります。

コーチングを受けて、新たなゴールを発見した従業員が辞めてしまうのは、結局はトップが高い抽象度のゴールを提示できなかったことが最大の原因だと理解していただきたいと思います。

もう一つは、本当のゴールが別にあるにもかかわらず、「have to」のまま仕事を続けている従業員は、生産性がとても低いということです。

もし、別のゴールがあるにもかかわらず、（無意識にでも）嫌々仕事を続けている人がいたとしたら、会社にとっても、生産性の低い人材を雇い続けていることになります。

この人が「私のゴールはこの会社のゴールとは違うことがわかったので、辞めます」と言って辞めてしまったとしても、会社としては会社のゴールと合致した、あるいは包摂されたゴールをもった人を新たに雇い入れた方が何十倍、何百倍も生産性が高まるのです。

もちろん、その会社を辞めて、本当のゴールへと向かうことになる社員にとってもハッピーですから、お互いにＷｉｎ－Ｗｉｎな関係になると言えるでしょう。

もっとも、企業のトップがしっかりとした（全社員のゴールを包摂するような）ゴールを提示できさえすれば、それまでいわゆる窓際族として日々を過ごしていた社員や、「とにかく短時間、楽に仕事をして、そこそこの給料をもらっておけばいい」と考えていたような社員までもが、コーチングによって劇的に変わるはずです。

意識の高い人、もとから生産性が高い人よりも、こうした、それまで生産性の低かった人たちの方が劇的に変わるはずです。

いままで窓際族だった人が見つけたゴールが、仮に社外にあった場合には「どうぞ辞めてください」でいいわけですし、社内に見つけた場合には、飛躍的に生産性が高まることになるわけです。

エフィカシーが上がり、自分にもこんなことができるとわかった人は、そのゴールに向かって、がむしゃらに進み出します。

その結果、「上巻」から述べているように「**利益が756倍になる**」のです。

ですから、「コーチングを受けると社員が会社を辞めてしまうのではないか」という心配自体が杞憂ですし、実際に辞めてしまうとしたら、それは企業のトップ自身がきちんとしたゴールを提示できていなかった証拠だと思ってください。

居心地が悪いのは過渡期

さて、ここまで紹介してきたように、企業、組織にとってコーポレートコーチングを受けるメリットはとてつもなく大きなものがあります。

それでもコーチングを受けない企業、組織がまだまだたくさんあるのはなぜなのでしょうか。

私は大きく二つの理由があると思っています。

一つは「知らない」ことです。

コーポレートコーチングの存在とその効果を知らなければ、受けようがありません。

その意味では、こうした書籍が啓蒙活動の一翼を担えればと思っていますが、現役のコーチたち、もちろん私やスタッフらの広報活動も重要になってくるでしょう。

それは今後も着実にやっていくことになりますが、問題なのは、コーポレートコーチングの存在も効果も理解しているにもかかわらず、導入しないというケースです。

その理由の中で最も大きなものは「コーチングを導入すると、組織の中に居心地の悪い人が出てくるから」というものです。

これは実は、大いなる勘違いです。

たしかに、組織にコーポレートコーチングを導入すると、最初のうちは、居心地が悪いと感じる人も出てきます。

ですが、そういった居心地が悪いと感じている人に、直接、コーチングを施すと、おそらくほんの数回のコーチング・セッションで変わっていきます。

「コーチングなんていらない」と言っていた人が、急に高い生産性を発揮し始めることでしょう。

やがて、「私がみんなにコーチングをするから、外部のコーチを雇う必要はない」に変わっていくかもしれませんが、これは「コーチングなんていらない」という意味ではありません。

さて、このようにコーチングを導入して居心地が悪くなるのは過渡期であると理解した上で、では、なぜ過渡期に居心地が悪くなるのかについて考えてみましょう。

居心地が悪くなるのは、簡単に表現すれば、「その人にとってのコンフォートゾーンがずれるから」です（コンフォートゾーンについては「序章」の17ページ、および、「上巻」34ページを参照）。

例えば、会社帰りの居酒屋で上司の悪口ばかり言っているような集団にいた人たちにとって、周りが突然、居酒屋でも「いかに会社の業績を上げるか」「いかにゴールへと進んでいくか」について語り出したとしたら、ものすごく居心地が悪いはずです。

上司の悪口ばかり言っている集団というのは、低いレベルのコレクティブエフィカシーしか持ち合わせていません。

個人のエフィカシーでも、コレクティブエフィカシーでも同じですが、低レベルのエフィカシーの持ち主は、高レベルのエフィカシーの持ち主を見たり、場を共有したりすると居心地が悪くなり、なんとかして高エフィカシーの人たちを貶めようとします。

低エフィカシーの人は高エフィカシーの人の悪口を言うなどして貶めると、居心地がよくなりますが、これが会社内で行われるのは最悪です。

人の足を引っ張ることでしか自分のエフィカシーを保てないので、次から次へと高エフィカシーの人の足を引っ張ります。

上司の悪口ばかり言う低エフィカシーの集団にいた人が、突然、会社の将来を語り合うような高エフィカシーの集団に放り込まれたら、周りの人たちを貶めたり、足を引っ張ったりしますから、例えば「コーチングなんてとんでもない」などといわれのない誹謗中傷を社内で言いふらし始めるかもしれません。

対して、高エフィカシーの人は、人を貶めるようなことはしません。

むしろ、他人が成功すればするほど嬉しくて仕方がありません。

ライバルのレベルが高いということは、その高いレベルと競い合える自分のレベルも高いと言えることを知っているのです。

ただし、とても残念なことに、日本のビジネス界ではエフィカシーの低い層の方がマジョリティであると言えます。

そのため、エフィカシーの低い人たちの声の方が世の中に響き渡りやすくなってしまっています。

そのようなビジネス環境下で、生産性が上がるはずがありません。

日本経済の将来のためにも、ビジネスマンひとりひとりのエフィカシーを上げ、エフィカシーの高い層をマジョリティにし、そしてコレクティブエフィカシーの高い組織を増やしていかなければなりません。

ゴール難民を作らないために

日本のビジネスマンたちのエフィカシーが低く、生産性が低い最大の理由は、本書を通じて一貫して述べてきているように、「朝から晩まで仕事をしているのがうれしく、楽しくてしかたがない」という状態になっていないからです。

それは「want to」ではなく「have to」のことばかりを「やらされている」からです。そこから抜け出し「want to」のことだけをやるために最も重要なことが「ゴールセッティング」であることは、繰り返し述べてきたとおりですが、これがうまくいかないとしたら、その理由には主に三つの可能性があると考えられます。

一つは「自身のゴール設定が間違っている」という可能性、二つ目は「企業・組織のゴールが個人のゴールを包摂できていない」という可能性、三つ目は「ゴール難民」とでも言うべき、「ゴールを設定してみるものの、すぐに『違う』と思って、また別のゴールを設定し、そのゴールも『違う』と思って、また別のゴールを設定するといったことを繰り返してしまっている」という可能性です。

特にゴール難民は、ゴール設定の重要性を理解しているにもかかわらず、ゴールをうまく設定できないわけですから、問題です。

さらに問題なのは、ゴール難民はゴールを持たない人と同様、企業・組織にとっては理想的な奴隷となりうるという点です。

では、どうすればいいのでしょうか。

ゴール設定ができない人、ゴール設定がうまくいかずにゴール難民になっている人にゴール設定を考えてもらう際、まずやってもらうといいのは「趣味のゴール」を設定することです。

趣味というのは、「誰の役にも立たないにもかかわらず、うれしくて、楽しくて、やめられないこと」と定義していいでしょう。

他人から見たら何の役にも立たないことなので、「もういい加減にやめればいいのに」と思ってしまうのですが、本人はうれしくて、楽しくて仕方がないのでやめられません。

役に立つか立たないかという観点で言えば、他の人の役に立たないのはもちろん、本人の役にも立たないかもしれません。

それなのに楽しく仕方がないからやめられないのが「趣味」なわけです。

趣味のゴールは、意外に簡単に設定することができます。

その趣味の領域で、達成できたら最高にハッピーだと思うことを想定して、それをゴールにすればだいたいうまく設定できます。

例えば、私はギターを集めるのが趣味と言っていいかと思います。

ギター演奏は仕事の部分も大きいので（お金をいただいて演奏しているので）、趣味とは言えないかもしれませんが、ほとんどのプロ・ギターリストが20～30本もあれば事足りるにもかかわらず、私は２００～３００本のギターを所有し、それでも毎月２～３本買い足しているくらいですから、ギターそのものを集めることに関しては趣味と言っていいでしょう。

私の趣味のゴールは「いいギターを世界一たくさん集めたい」という、とてもシンプルな（でも、とても大きい）ものです。

みなさんも、ご自身の趣味について、何か大きなゴールを設定できると思います。

次に、そのゴールを参考に「誰か（他人）の役に立つゴール」に変換してみましょう。

このとき、「他人に『やめればいいのに』と言われても、うれしくて、楽しくてやめられない」という基本の軸はぶれさせないようにしましょう。

他人の役に立たないものが「趣味」、他人の役に立つものが「仕事」「職業」と言えますから、うまく変換できれば、「仕事」「職業」の「want to」のゴールが設定できることでしょう。

自分の役に立っていてもいいのですが、同時に他人の役にも立っているというのが「仕事」「職業」です。

例えば、私の先ほどの例で言えば、ギターを集めるだけなら趣味ですが、それを多くの人の前で弾いて、多くの人に楽しんでもらったり、何かしら有益なことが得られる機能音源として演奏したりすれば、それは「職業」になるでしょう。

どちらの場合も（ギターを集めることも、その集めたギターを多くの人の前で演奏して、多くの人の役に立つことも）、私自身はうれしくて、楽しくて仕方がありません。

そして、ゴールは「私のギター演奏を聞いて幸せになる人の数、世界一になる」とすれば、「仕事」「職業」のゴールになり得ます。

こんなふうに、企業・組織の構成員たちの、そうしたひとりひとりのゴールがあって、そしてそれらをすべて包摂するようなゴールを提示するのが、トップの仕事、役割です。

あとがき

これまで、パーソナルコーチングを中心に展開してきた「苫米地式コーチング」ですが、コーチング界の創始者ともいえる故ルー・タイス氏（本書で述べてきたように、私とルーとは、日本に本当のコーチングを普及させる活動を二人三脚で展開してきました）はアメリカでコーポレートコーチングを行っていました。

上巻の「まえがき」でも述べたように、フォーチュン５００の半数以上の企業が、何らかの形でルーのコーポレートコーチングを導入しています。

ですから、「苫米地式コーチング」にはもともと、コーポレートに適用でき、成果を出せるノウハウが詰まっていたのです。

そのノウハウを、コーポレート向けに本格的に展開していこうというのが、本書、そしてすでに始まっている苫米地式のコーポレートコーチングです。

本書を読まれたみなさんは、すでにコーポレートコーチングの有用性と効果の高さを理解されていることと思います。

最後に、苫米地式のコーポレートコーチングを実践するコーチングスタッフたちが、どのような人なのかを紹介しておきましょう。

といっても、ひとりひとりを個別に紹介するわけではありません。いろいろな人がいますし、今後、コーチはどんどんと増えていくことになりますから、ひとりひとりを紹介しようとしても、し切れません。

お伝えしたいのは「コーチとはどのような存在なのか」ということです。

まず知っておいていただきたいのは、コーチとはクライアントのゴール達成のことにしか興味のない存在だということです。

上巻の「ドリームキラー」の話のところで書いたように、親兄弟はあなたの「ドリームキラー」になりがちな存在です。

コーチは「ドリームキラー」にはなり得ませんから（なったとしたら、それはコーチではありません）、まさに親兄弟以上の存在、ゴール達成に関しては、親兄弟よりもあなたの味方であると言えるでしょう。

クライアントがゴール達成や現状の外側についてどのように考えるかを24時間、365日、考え続けている存在がコーチなのです。

ですから、本物のコーチは、いわゆる「営業」をしません。

例えば「いい金融商品がありますよ」と営業してくる人に対して、あなたは「この人は私のゴール達成だけを考えている」と思えるでしょうか。

自分の利益が前提で営業に来ていると、あなたは（無意識かもしれませんが）感じることでしょう。

コーチはクライアントの利益のみを考えます。

だから、本物のコーチは営業しません。

コーチングの効果を下げる関係が生まれてしまうからです。

ですから、もしあなたが「御社でもうちのコーチングを○○万円で導入してみてはいかがですか」というような「営業」をされたとしたら、その相手は本物のコーチではないと思った方がいいでしょう。

ただし、コーチングの存在や効果を知ってもらうための広報活動、啓蒙活動は「営業」

とは違います。

純粋な広報活動、啓蒙活動はこれからも私を先頭に、コーチたちと一緒にやっていきたいと思っています。

さて、ここまで上下巻を通して、「コーポレートコーチング」とは何か、どのような裏付けがあり、どのような効果があるのかといったことについて述べてきました。

しかし、本（書き言葉）で伝えられることにはどうしても限界があります。

コーチングにマニュアルはありません。

一定の方向性を示す型はありますが、常に一回一回がコーチとクライアントとの生身のぶつかり合いであり、そのときそのときの関係性（縁起）などによって、コーチが行うアプローチもその効果も変わってきます。

その意味では、本は予備知識であり、導入であり、概要にすぎません。

本を読んだだけでコーチングのすべてを理解したり、十分な効果を得たりすることはなかなか難しいかと思います。

ただし、先ほど述べたように、ビジネスとしての「営業」はしません。

企業にコーポレートコーチングを導入するかどうかを決定するのは、企業の経営者です。もしあなたが企業の経営者なら、あなた自身のご判断にすべてがゆだねられることになります。

あなたがコーポレートコーチングの導入を決められた暁には、従業員すべてのゴールを包摂するようなゴール設定のお手伝いができるでしょうし、社員一人一人が今まで以上にいきいきと仕事に励むようになるに違いありません。

私たちはそうなる日を楽しみに待っています。

苫米地英人

2016年5月

著者略歴
苫米地英人（とまべちひでと）

1959年、東京生まれ。認知科学者（機能脳科学、計算言語学、認知心理学、分析哲学）。計算機科学者（計算機科学、離散数理、人工知能）。カーネギーメロン大学博士（Ph.D.）、同CyLab兼任フェロー、株式会社ドクター苫米地ワークス代表、コグニティブリサーチラボ株式会社CEO、角川春樹事務所顧問、中国南開大学客座教授、苫米地国際食糧支援機構代表理事、米国公益法人The Better World Foundation日本代表、米国教育機関TPIジャパン日本代表、天台宗ハワイ別院国際部長。聖マウリツィオ・ラザロ騎士団ナイトグランドクロス（大十文字騎士、Grand Cr.）。マサチューセッツ大学を経て上智大学外国語学部英語学科卒業後、三菱地所へ入社。2年間の勤務を経て、フルブライト留学生としてイェール大学大学院へ留学、人工知能の父と呼ばれるロジャー・シャンクに学ぶ。同認知科学研究所、同人工知能研究所を経て、コンピュータ科学の分野で世界最高峰と呼ばれるカーネギーメロン大学大学院哲学科計算言語学研究科に転入。全米で4人目、日本人としては初の計算言語学の博士号を取得。帰国後、徳島大学助教授、ジャストシステム基礎研究所所長、同ピッツバーグ研究所取締役、ジャストシステム基礎研究所・ハーバード大学医学部マサチューセッツ総合病院NMRセンター合同プロジェクト日本側代表研究者として、日本初の脳機能研究プロジェクトを立ち上げる。通商産業省情報処理振興審議会専門委員なども歴任。

現在は自己啓発の世界的権威、故ルー・タイス氏の顧問メンバーとして、米国認知科学の研究成果を盛り込んだ能力開発プログラム「PX2」「TPIE」などを日本向けにアレンジ。日本における総責任者として普及に努めている。

著書に『ここがおかしい安保法制』（共著）『アベノミクスを越えて』『認知科学への招待』『憲法改正に仕掛けられた4つのワナ』『TPPに隠された本当の恐怖』『日本買収計画』『「真のネット選挙」が国家洗脳を解く!』『税金洗脳が解ければあなたは必ず成功する!』『洗脳広告代理店 電通』（すべてサイゾー刊）、『Dr.苫米地の「脳力」の使い方』（徳間書店）、『即断即決「脳」のつくり方』（ゴマブックス）、『原発洗脳』（日本文芸社）、『洗脳学園』（PHP研究所）など多数。TOKYO MXで放送中の「バラいろダンディ」（21時～）で木曜レギュラーコメンテーターを務める。

▶ドクター苫米地公式サイト　http://www.hidetotomabechi.com
▶ドクター苫米地ブログ　http://www.tomabechi.jp
▶Twitter　http://twitter.com/drtomabechi（@DrTomabechi）
▶PX2 については　http://bwf.or.jp
▶TPIE については　http://tpijapan.co.jp
▶携帯公式サイト　http://dr-tomabechi.jp

コーポレートコーチング（下）

2016年7月30日　第1版第1刷発行

著　　者　苫米地英人

発 行 者　武村哲司

印 刷 所　株式会社シナノ パブリッシング プレス

発 行 所　株式会社 開拓社

〒113-0023　東京都文京区向丘1-5-2

電話 03-5842-8900（代表）

ISBN 978-4-7589-7012-9